초·중급 캠퍼스 일본어

허 곤 저

제이앤씨
Publishing Company

최소한의

외국어 능력은 다양한 첨단 기술의 발달로 인하여 점점 더 가까워지는 지구촌의 한 가족으로 살아감에 있어서 자신을 어필할 수 있는 중요한 수단이 될 것이라고 생각한다.

외국어 공부에서 원하는 결과를 얻을 수 있도록 하는 중요한 요인 중의 하나는 학습자의 의도에 적합한 교재 선택이라고 할 수 있다. 이 교재의 전반부에서는, 일본어를 처음 접하는 초급 일본어 수준의 학습자들이 일본어를 향한 첫 걸음을 가볍게 가질 수 있도록 일본어 문자, 한자, 조사 등을 중심으로 하여 반복적인 학습이 이루어질 수 있도록 구성하였다. 후반부에서는, 중급일본어 수준으로 레벨을 조정하여 형용사, 형용동사, 동사, 조동사 등에 관한 문법적인 설명을 중심으로 구성함으로 인해 한 권의 교재로 초급과 중급 일본어를 동시에 학습 할 수 있도록 구성하였다. 그리고 각 과마다 일본에 관한 일반상식을 「일본문화상식」이라는 코너에 수록하여 일본어 학습자들이 어학학습 뿐만 아니라, 일본인들의 생활과 문화에 관한 일반 상식에 관해서도 접할 수 있도록 구성하였다.

한국과 일본은 역사적으로나 문화적으로나 대단히 밀접한 관계를 가지고 교류해 왔고, 그러한 수천 년에 걸친 양국의 교류는 오늘날의 한국과 일본의 국제적 위상이 정립되는데 있어서 대단히 중요한 역할을 해 왔다고 할 수 있다.

현재 일본은 많은 자연재해로 인해 힘든 시간을 보내고 있지만, 세계 문명의 땅끝 중의 한 곳이라 할 수 있는 극동의 자그마한 섬나라가 세계 경제의 한 축을 이루며 성장했던 저력을 가지고 있음을 알고 있기에 일본이 작금의 분주한 현실에서 빠른 시일 내에 재기하여 한국과 일본이 상생해 가는데 있어서 좋은 동반자가 되었으면 하는 바람을 가져 본다. 이 교재를 통해서 일본어를 공부하는 모든 학습자들이 각자가 원하는 소정의 결과를 얻어 낼 수 있기를 기원 드리는 바이다.

저자 허 곤

contents

일본어의 문자와 발음

현재 일본에서 사용되고 있는 일본의 문자는 히라가나(ひらがな), 가타카나(カタカナ), 한자 등의 세 가지 문자를 사용하고 있다.

 히라가나(平仮名 ひらがな)

일본의 헤이안 시대(平安時代 794년~1192년) 초기에 한자의 초서체를 간략하게 생략하여 사용하기 시작한 문자이다. 당시에 남자들은 한자를 중시하고 있었기 때문에 주로 여성들 사이에서 사용되었지만, 점차적으로 공적인 문자로 인정받게 되었다.

  예） 安 → あ   加 → か

 가타카나(片仮名 カタカナ)

일본의 헤이안 시대(平安時代 794년~1192년) 초기에 승려들이 불경을 공부할 때, 읽는 법과 주석 등을 기입하기 위해서 글자와 글자 사이나 행과 행 사이에 속기에 적합한 자(字)와 획(畫)이 필요함에 따라서 한자의 일부분만을 생략하거나 기호화하여 사용한 것에서 유래하였다. 주로 외래어, 의성어, 의태어, 외국인명, 외국지명, 강조 등에 쓰인다.

  예） 仁 → ニ   天 → テ

히라가나 (平仮名·ひらがな)

あ	か	さ	た	な	は	ま	や	ら	わ	ん
a	ka	sa	ta	na	ha	ma	ya	ra	wa	n/m/ŋ

い	き	し	ち	に	ひ	み		り		
i	ki	shi	chi	ni	hi	mi		ri		

う	く	す	つ	ぬ	ふ	む	ゆ	る		
u	ku	su	tsu	nu	fu	mu	yu	ru		

え	け	せ	て	ね	へ	め		れ		
e	ke	se	te	ne	he	me		re		

お	こ	そ	と	の	ほ	も	よ	ろ	を	
o	ko	so	to	no	ho	mo	yo	ro	o(wo)	

🧳 가타카나 (片仮名 · カタカナ)

ア	カ	サ	タ	ナ	ハ	マ	ヤ	ラ	ワ	ン
a	ka	sa	ta	na	ha	ma	ya	ra	wa	n/m/ŋ

イ	キ	シ	チ	ニ	ヒ	ミ		リ	
i	ki	shi	chi	ni	hi	mi		ri	

ウ	ク	ス	ツ	ヌ	フ	ム	ユ	ル
u	ku	su	tsu	nu	fu	mu	yu	ru

エ	ケ	セ	テ	ネ	ヘ	メ		レ	
e	ke	se	te	ne	he	me		re	

オ	コ	ソ	ト	ノ	ホ	モ	ヨ	ロ	ヲ
o	ko	so	to	no	ho	mo	yo	ro	o(wo)

1 청음(清音)

 あ 행

あ ア a	い イ i	う ウ u	え エ e	お オ o

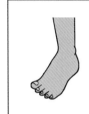

あし(足) 발	いぬ(犬) 개	うで(腕) 팔	えき(駅) 역	おや(親) 부모

か 행

か カ ka	き キ ki	く ク ku	け ケ ke	こ コ ko

かみ(紙) 종이	き(木) 나무	くも(雲) 구름	けもの(獣) 짐승	こめ(米) 쌀

さ행

| さ サ sa | し シ shi | す ス su | せ セ se | そ ソ so |

さる(猿) 원숭이	しし(獅子) 사자	すし(寿司) 스시	せみ(蝉) 매미	そら(空) 하늘

た행

| た タ ta | ち チ chi | つ ッ tsu | て テ te | と ト to |

たに(谷) 계곡	ちず(地図) 지도	つき(月) 달	てら(寺) 절	とり(鳥) 새

な행

| な na | に ni | ぬ nu | ね ne | の no |

なみ(波) 파도	にわ(庭) 정원	ぬま(沼) 늪	ねこ(猫) 고양이	のり(海苔) 김

は행

| は ha | ひ hi | ふ fu | へ he | ほ ho |

はる(春) 봄	ひる(昼) 낮	ふゆ(冬) 겨울	へや(部屋) 방	ほお(頬) 뺨, 볼

ま행

 ま ma み mi む mu め me も mo

まつ(松)	みみ(耳)	むら(村)	め(目)	もり(森)
소나무	귀	마을	눈	숲

や행

や ya ゆ yu よ yo

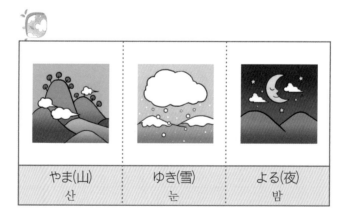		
やま(山)	ゆき(雪)	よる(夜)
산	눈	밤

 ら행　　ら ^ラ ra　り ^リ ri　る ^ル ru　れ ^レ re　ろ ^ロ ro

		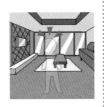		
ラーメン	りんご(林檎)	るす(留守)	レモン	ロボット
라면	사과	부재	레몬	로봇

 わ행　　わ ^ワ wa　を ^ヲ o (wo)　　 ん행　　ん ^ン n, m, ŋ

	~를 주다
わに(鰐)	~を
악어	~을, ~를

かんこく(韓国)
한국

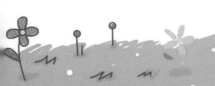

2 탁음(濁音)

▸ が행	**が** ガ ga	**ぎ** ギ gi	**ぐ** グ gu	**げ** ゲ ge	**ご** ゴ go

▸ が행　**が** ガ ga　**ぎ** ギ gi　**ぐ** グ gu　**げ** ゲ ge　**ご** ゴ go

▸ ざ행　**ざ** ザ za　**じ** ジ zi　**ず** ズ zu　**ぜ** ゼ ze　**ぞ** ゾ zo

▸ だ행　**だ** ダ da　**ぢ** ヂ zi　**づ** ヅ zu　**で** デ de　**ど** ド do

▸ ば행　**ば** バ ba　**び** ビ bi　**ぶ** ブ bu　**べ** ベ be　**ぼ** ボ bo

3 반탁음(半濁音)

▸ ぱ행　**ぱ** パ pa　**ぴ** ピ pi　**ぷ** プ pu　**ぺ** ペ pe　**ぽ** ポ po

4 요음(拗音)

きゃ	キャ kya	きゅ	キュ kyu	きょ	キョ kyo
しゃ	シャ sya	しゅ	シュ syu	しょ	ショ syo
ちゃ	チャ cha	ちゅ	チュ chu	ちょ	チョ cho
にゃ	ニャ nya	にゅ	ニュ nyu	にょ	ニョ nyo
ひゃ	ヒャ hya	ひゅ	ヒュ hyu	ひょ	ヒョ hyo
みゃ	ミャ mya	みゅ	ミュ myu	みょ	ミョ myo
りゃ	リャ rya	りゅ	リュ ryu	りょ	リョ ryo

5 촉음(促音)

っ	ッ tsu

Unit 1　これは 本です。

金　　はじめまして。金です。

田中　はじめまして。田中です。
　　　金さんは 学生ですか。

金　　はい、学生です。
　　　田中さんも 学生ですか。

田中　いいえ、私は 学生では ありません。先生です。

金	そうですか。
田中	それは 何ですか。
金	これは 日本語の 本です。
田中	あなたは 韓国人ですか。
金	はい、そうです。 田中さんは 日本人ですか。
田中	はい、そうです。

주요어구

これ	~は
本	~です
田中	はじめまして
私	学生
はい	~か
~も	いいえ
ではありません	先生
それ	何
日本語	~の
あなた	そうです
韓国人	日本人

문법과 문형

1 ~です

これは 本です。

일본어의 「~です」는 한국어의 「~입니다」와 같이 명사에 붙어 단정이나 판단을 나타낸다.

☑ 「~です」의 활용

	단 정 문	의 문 문
긍 정	~です。	~ですか。
부 정	~では(じゃ) ありません。	~では(じゃ) ありませんか。

① 本です。
② 本では(じゃ) ありません。
③ 学生ですか。
④ 学生では(じゃ) ありませんか。

2 기본조사

私の 本です。

일본어의 문장구조는 한국어의 문장구조와 상당히 유사하다. 즉 주어, 목적어, 술어의 순서로 되어 있고 각 단어를 연결하는 조사도 있다.

~が	~이/가	~は	~은/는
~の	~의	~も	~도
~ね	~군요, ~네, ~지요	~よ	~예요

① これが 私の かばんです。

② 私は 田中です。

③ これは 日本語の 本です。

④ 田中さんも 学生ですか。

⑤ あなたは 学生ですね。

⑥ それは 日本語の 本ですよ。

3 지시대명사

　それは　何ですか。

　물건이나 사물, 방향을 가리키는 지시대명사 「이/그/저/어느」에 해당하는 일본어는 「こ/そ/あ/ど」이다. 이 지시대명사는 한국어와 잘 대응된다.

	こ(이)	そ(그)	あ(저)	ど(어느)
물건/사물	これ(이것)	それ(그것)	あれ(저것)	どれ(어느 것)
장소	ここ(여기)	そこ(거기)	あそこ(저기)	どこ(어디)
방향	こちら(이쪽)	そちら(그쪽)	あちら(저쪽)	どちら(어느 쪽)

① これは 車です。　　　② それは 何ですか。

③ <u>あれは</u> 学校ですか。　　　④ 金さんの 車は <u>どれ</u>ですか。
⑤ <u>ここ</u>は 図書館です。　　　⑥ <u>そこ</u>は 学校ですか。
⑦ <u>あそこ</u>は 学校です。　　　⑧ 金さんの 家は <u>どこ</u>ですか。
⑨ <u>こちら</u>は 図書館です。　　⑩ <u>そちら</u>は 教室です。
⑪ 学校は <u>あちら</u>です。　　　⑫ 家は <u>どちら</u>ですか。

4 가족관계와 호칭

☑ 가족의 호칭

　일본어의 경우 대화를 할 때, 상대방과의 관계에 따라 경어를 사용한다. 다른 사람의 가족에게는 대체로 「お~」이나 「~さん」을 사용해서 높이고, 자기 자신의 가족을 타인에게 소개 할 때는 낮추어서 말한다. 그리고 가족끼리 서로를 부를 때는 상황에 따라 조금씩 다를 수 있다.

	나의 ~	타인의 ~
아버지	父 (ちち)	お父さん (とう)
어머니	母 (はは)	お母さん (かあ)
형(오빠)	兄 (あに)	お兄さん (にい)
누나(언니)	姉 (あね)	お姉さん (ねえ)
남동생	弟 (おとうと)	弟さん (おとうと)
여동생	妹 (いもうと)	妹さん (いもうと)
할아버지	祖父 (そ ふ)	お祖父さん (じい)
할머니	祖母 (そ ぼ)	お祖母さん (ばあ)

단어

かばん　　　車 (くるま)　　　図書館 (としょかん)　　　家 (いえ)　　　教室 (きょうしつ)　　　学校 (がっこう)

연습해 봅시다!

01 다음 문장을 해석하시오.

❶ 田中さんは 学生ですか。

→ _____

❷ 金さんは 韓国人ですか。

→ _____

❸ 田中さんの お母さんは 日本人ですか。

→ _____

❹ 金さんの 学校は どこですか。

→ _____

02 다음 문장을 일본어로 작문하시오.

❶ 이것은 나의 자동차입니다.

→ _____

❷ 그것은 나의 책이 아닙니다.

→ _____

❸ 저것은 당신의 학교입니까?

→ _____

❹ 여기는 나의 집입니다.

→ _____

일본문화상식

일본의 인구(2017년 현재 - 1억 2604만 명)
일본의 면적(2017년 현재 - 377,915㎢)

北 海 道 地 方	
01.北海道(5,497,406명/83,455.38㎢)	

東 北 地 方	
02.青森県(1,361,832명/9,606.75㎢)	03.岩手県(1,311,760명/15,278.69㎢)
04.秋田県(1,073,684명/11,612.22㎢)	05.宮城県(2,326,698명/7,285.30㎢)
06.山形県(1,160,400명/9,323.39㎢)	07.福島県(1,985,024명/13,782.75㎢)

関 東 地 方	
08.栃木県(1,999,665명/6,408.28㎢)	09.群馬県(2,000,059명/6,363.16㎢)
10.茨城県(2,955,235명/6,095.68㎢)	11.千葉県(6,209,303명/5,156.51㎢)
12.埼玉県(7,204,569명/3,797.25㎢)	13.東京都(13,188,423명/2,187.09㎢)
14.神奈川県(9,061,898명/2,415.84㎢)	

中 部 地 方	
15.新潟県(2,361,428명/12,582.48㎢)	16.長野県(2,142,647명/13,560.55㎢)
17.山梨県(857,221명/4,465.37㎢)	18.富山県(1,087,968명/4,247.34㎢)
19.石川県(1,166,003명/4,185.45㎢)	20.静岡県(3,751,308명/7,779.81㎢)
21.愛知県(7,424,220명/5,162.15㎢)	22.岐阜県(2,072,310명/10,622.85㎢)
23.福井県(803,098명/4,189.24㎢)	

近 畿 地 方	
24.滋賀県(1,408,322명/4,017.36㎢)	25.三重県(1,847,879명/5,776.56㎢)
26.和歌山県(994,105명/4,725.98㎢)	27.大阪府(8,866,308명/1,893.94㎢)
28.奈良県(1,434,548명/3,691.09㎢)	29.京都府(2,632,771명/4,612.98㎢)
30.兵庫県(5,582,409명/8,394.68㎢)	

中 国 地 方	
31.岡山県(1,940,930명/7,112.67㎢)	32.鳥取県(585,275명/3,507.25㎢)
33.島根県(711,811명/6,707.52㎢)	34.広島県(2,856,248명/8,477.89㎢)
35.山口県(1,441,513명/6,111.49㎢)	

四 国 地 方	
36.愛媛県(1,422,753명/5,677.07㎢)	37.香川県(995,528명/1,876.16㎢)
38.徳島県(780,042명/4,145.34㎢)	39.高知県(757,914명/7,104.95㎢)

九 州 地 方	
40.福岡県(5,082,198명/4,973.95㎢)	41.佐賀県(846,809명/2,439.58㎢)
42.長崎県(1,416,975명/4,094.67㎢)	43.大分県(1,191,031명/6,338.82㎢)
44.宮崎県(1,131,016명/7,734.76㎢)	45.熊本県(1,812,742명/7,404.31㎢)
46.鹿児島(1,698,657명/9,187.39㎢)	47.沖縄県(1,403,995명/2,274.46㎢)

Unit 2

この 鉛筆は いくらですか。

金　　この 鉛筆は いくらですか。

店員　その 鉛筆は 100円です。

金　　高いですね。それは いくらですか。

店員　これは 80円です。

金　　安いものは ありませんか。

店員　あれは 50円です。

金　　　そうですか。あれを　ください。

店員　　はい、わかりました。

金　　　この　ノートは　いくらですか。

店員　　それは　200円です。

金　　　この　ノートを　2冊　ください。

店員　　はい、わかりました。

주요어구

この	鉛筆
店員	その
いくら	高い
円	もの
安い	あれ
ありませんか	～を
それ	わかりました
ください	冊
ノート	

문법과 문형

1 연체사 「この, その, あの, どの」

「이, 그, 저, 어느」로 해석되며 뒤에 체언(명사)을 동반한다.

こ(이)	そ(그)	あ(저)	ど(어느)
この	その	あの	どの

この 鉛筆は いくらですか。

① この 本は いくらですか。　② その ノートは 高いですか。

③ あの 人が 金さんですか。　④ どの 鉛筆が 安いですか。

2 ありませんか。

安いものは ありませんか。

「あります」는 사물의 존재를 나타내는 말이며, 「ありませんか」는 「あります」의 부정의문형으로 「없습니까?」로 해석된다.

	단 정 문	의 문 문
긍 정	あります。(있습니다.)	ありますか。(있습니까?)
부 정	ありません。(없습니다.)	ありませんか。(없습니까?)

① テーブルに パンが あります。　② 鉛筆は ありますか。

③ お金は ありません。　④ 日本語の 本は ありませんか。

단어

人 _{ひと}	テーブル	~に	パン	~が	お金 _{かね}

3 수

수를 세는 표현에는 두가지 종류가 있다. 한국어의 「일, 이, 삼, 사, 오......」「하나, 둘, 셋, 넷, 다섯......」과 비슷하다. 물건의 종류에 따라 표현하는 조수사가 다른 경우도 있다.

일	이	삼	사	오	육	칠	팔	구	십
いち	に	さん	し (よん、よ)	ご	ろく	しち (なな)	はち	きゅう (く)	じゅう

십일	십이	십삼	십사	십오	십육	십칠	십팔	십구	이십
じゅういち	じゅうに	じゅうさん	じゅうし	じゅうご	じゅうろく	じゅうしち	じゅうはち	じゅうきゅう	にじゅう

이십일	이십이	이십삼	이십사	···	···	···	···	구십구	백
にじゅういち	にじゅうに	にじゅうさん	にじゅうし					きゅうじゅうきゅう	ひゃく

일백	이백	삼백	사백	오백	육백	칠백	팔백	구백	천
ひゃく	にひゃく	さんびゃく	よんひゃく	ごひゃく	ろっぴゃく	ななひゃく	はっぴゃく	きゅうひゃく	せん

일천	이천	삼천	사천	오천	육천	칠천	팔천	구천	만
せん	にせん	さんぜん	よんせん	ごせん	ろくせん	ななせん	はっせん	きゅうせん	まん

하나	둘	셋	넷	다섯	여섯	일곱	여덟	아홉	열
ひと 一つ	ふた 二つ	みっ 三つ	よっ 四つ	いつ 五つ	むっ 六つ	なな 七つ	やっ 八つ	ここの 九つ	とお 十

단어

じゅう 十	ひゃく 百	せん 千	まん 万	くつ

☑ 歳(나이)

1	2	3	4	5	6	7	8	9	10
いっさい 一歳 ひと (一つ)	に さい 二歳 ふた (二つ)	さんさい 三歳 みっ (三つ)	よんさい 四歳 よっ (四つ)	ご さい 五歳 いつ (五つ)	ろくさい 六歳 むっ (六つ)	ななさい 七歳 なな (七つ)	はっさい 八歳 やっ (八つ)	きゅうさい 九歳 ここの (九つ)	じゅっさい 十歳 とお (十)
11	**12**	**13**	**14**	**15**	**16**	**17**	**18**	**19**	**20**
じゅういっさい 十一歳	じゅう に さい 十二歳	じゅうさんさい 十三歳	じゅうよんさい 十四歳	じゅう ご さい 十五歳	じゅうろくさい 十六歳	じゅうななさい 十七歳	じゅうはっさい 十八歳	じゅうきゅうさい 十九歳	に じゅうさい 二十歳 (はたち)
21	**22**	**…**	**…**	**…**	**…**	**…**	**…**	**99**	**100**
に じゅういっ さい 二十一 歳	に じゅう に さい 二十二 歳							きゅうじゅうきゅう 九十九 さい 歳	ひゃくさい 百歳

☑ 人(사람)

1	2	3	4	5	6	7	8	9	10
ひと り 一人	ふた り 二人	さんにん 三人	よ にん 四人	ご にん 五人	ろくにん 六人	しちにん 七人 ななにん (七人)	はちにん 八人	きゅうにん 九人	じゅうにん 十人
11	**12**	**13**	**14**	**15**	**16**	**17**	**18**	**19**	**20**
じゅういちにん 十一人	じゅう に にん 十二人	じゅうさんにん 十三人	じゅうよ にん 十四人	じゅう ご にん 十五人	じゅうろくにん 十六人	じゅうしちにん 十七人 じゅうななにん (十七人)	じゅうはちにん 十八人	じゅうきゅうにん 十九人	に じゅうにん 二十人
21	**22**	**…**	**…**	**…**	**…**	**…**	**…**	**99**	**100**
に じゅう 二十 いちにん 一人	に じゅう 二十 に にん 二人							きゅうじゅう 九十 きゅうにん 九人	ひゃくにん 百人

연습해 봅시다!

01 다음 문장을 해석하시오.

❶ 鉛筆は いくらですか。

→ _____

❷ 本は 高いですか。

→ _____

❸ この ノートは 1冊 いくらですか。

→ _____

❹ 金さんの くつは いくらですか。

→ _____

연습해 봅시다!

02 다음 문장을 일본어로 작문하시오.

❶ 이 가방은 얼마입니까?

→ _____

❷ 연필과 노트를 주세요.

→ _____

❸ 200엔은 비싸네요.

→ _____

❹ 이것은 얼마입니까?

→ _____

일본의 주택사정

일본인들의 경우 한국인들과 비교해 볼 때, 이사를 자주 하지 않는 편이다. 거기에는 여러 가지 요인이 있겠지만, 가장 큰 이유로는 이사 할 때 비용이 많이 들기 때문이다. 이사를 하게 되면 1달치의 방값(家賃)과 부동산 업자의 소개비 1달치, 그리고 레킹(札金)이라고 하여 월세의 1~2배를 사례금으로 집주인에게 주어야 하고, 시키킹(數金)이라고 하여 월세의 1배~2배를 보증금으로 집주인에게 맡겨 두고 집세가 연체되거나 집이 훼손되었을 때, 이 대금에서 지불하게 된다. 그래서 이사 때 마다 월세의 약 5배 이상의 금액을 지불하게 되므로 이사 비용의 부담이 크기 때문에 일본인들은 자주 이사를 하지 않는다. 일본에서는 힛코시빈보(引っ越し貧乏)라고 해서 이사를 자주 하면 가난뱅이가 된다는 말이 있을 정도이다. 일본의 주택은 옛날부터 토끼집(うさぎごや)이라고 불릴 정도로 좁고 가격 또한 대단히 비싸다.

3 Unit

講義室の 中に 学生が います。

鈴木 学校が とても 広いですね。

李 新しい 建物が たくさん あります。

鈴木 あの 大きい 建物は 何ですか。

李 あれは 大学の 本部です。

鈴木 この 建物は 何ですか。

李 その 建物は 講義室です。

鈴木　　講義室の　中に　だれが　いますか。

李　　　講義室の　中には　学生が　います。

鈴木　　先生の　研究室は　どちらですか。

李　　　あちらの　階段の　横に　あります。

鈴木　　研究室に　本が　たくさん　ありますね。

　　　　そして、テレビと　ラジオと　冷蔵庫が　ありますね。

주요어구

講義室 (こうぎしつ)	中 (なか)
学校 (がっこう)	います
学生 (がくせい)	とても
鈴木 (すずき)	新しい (あたらしい)
広い (ひろい)	~には
建物 (たてもの)	あります
たくさん	大学 (だいがく)
大きい (おおきい)	だれ
本部 (ほんぶ)	研究室 (けんきゅうしつ)
階段 (かいだん)	横 (よこ)
ラジオ	そして
冷蔵庫 (れいぞうこ)	テレビ
	~と

문법과 문형

1 ある/いる ⇔ ない/いない

	무생물, 식물	생물
있다	ある	いる
없다	ない	いない

① あそこに 本が ある。　　　ここに 本が ない。

② そこに 机が ある。　　　あそこに 机が ない。

③ 李さんの 家には 犬が いる。　　鈴木さんの 家には 犬が いない。

④ 李さんは 妹さんが いる。　　鈴木さんは 妹さんが いない。

2 あります/います ⇔ ないです/いないです(ありません/いません)

> 大学の 本部が あります。

	무생물, 식물		생물	
긍정	ある	あります	いる	います
부정	ない	ないです(ありません)	いない	いないです(いません)

① あそこに 本が あります。　　ここに 本が ないです。

② そこに 机が あります。　　あそこに 机が ありません。

③ 李さんの 家には 犬が います。　鈴木さんの 家には 犬が いないです。

④ 李さんは 妹さんが います。　鈴木さんは 妹さんが いません。

단어

机(つくえ)　　家(いえ)　　犬(いぬ)

3 │ 의문사 「~か」

あの 建物は 何ですか。

① 鈴木さんは 学生ですか。

　李さんは 会社員では(じゃ)ないですか。

② そこに 本は あるか。　　　そこに 本は ないか。

③ あそこに 犬は いるか。　　あそこに 犬は いないか。

④ 部屋の 中に つくえが ありますか。

　部屋の 中に つくえが ありませんか。

⑤ 鈴木さんは 弟さんが いますか。

　鈴木さんは 弟さんが いませんか。

4 │ ~と ~と ~があります。

テレビと ラジオと 冷蔵庫が あります。

① 机の 上に 本と ノートと 鉛筆が あります。

② 教室に 金さんと 李さんと 田中さんが います。

③ かばんの 中に 日本語の本と 英語の本と ノートが あります。

④ カレーと オムライスと ラーメンが あります。

단어

かいしゃいん 会社員	へや 部屋	うえ 上	えいご 英語	カレー
オムライス	ラーメン	弟		

☑ 위치와 방향

☑ 조수사

물건을 셀 때 붙이는 호칭을 조수사라고 하며 세는 물건에 따라서 각각의 호칭이 바뀐다.

	~匹(~마리)	~本(~병, ~자루, ~개비)
1(いち)	いっぴき	いっぽん
2(に)	にひき	にほん
3(さん)	さんびき	さんぼん
4(し、よん、よ)	よんひき	よんほん
5(ご)	ごひき	ごほん
6(ろく)	ろっぴき	ろっぽん
7(しち、なな)	ななひき	ななほん
8(はち)	はっぴき	はっぽん
9(きゅう、く)	きゅうひき	きゅうほん
10(じゅう)	じゅっぴき	じゅっぽん
11(じゅういち)	じゅういっぴき	じゅういっぽん
12(じゅうに)	じゅうにひき	じゅうにほん
13(じゅうさん)	じゅうさんびき	じゅうさんぼん
:		
99(きゅうじゅうきゅう)	きゅうじゅうきゅうひき	きゅうじゅうきゅうほん
100(ひゃく)	ひゃっぴき	ひゃっぽん

01 본문을 읽고 다음 질문에 일본어로 답하시오

❶ 大学の 本部は どこに ありますか。

→ _____

❷ 建物の 中には 講義室が ありますか。

→ _____

❸ 先生の 研究室には 本が たくさん ありますか。

→ _____

❹ 先生の 学校は 広いですか。

→ _____

02 다음 문장을 일본어로 작문하시오.

❶ 강의실 안에 학생들이 많이 있습니다.

→ _____

❷ 카레와 오므라이스와 라면이 있습니다.

→ _____

❸ 연구실은 어디입니까?

→ _____

❹ 강의실 안에 누가 있습니까?

→ _____

일본인의 식생활

흰밥, 된장국, 반찬 등 일본의 일상적인 식단은 한국과 비슷하다. 그러나 얼핏 보면 같아 보이는 식단이지만 한국과는 다른 테이블 매너가 있다. 한국에서는 숟가락과 젓가락을 세로로 놓지만 일본은 가로로 놓는다. 그리고 식기의 취급방식도 다르다. 한국에서는 해서는 안 되는 행동이지만 일본에서는 밥그릇을 손으로 들고 먹는 것이 테이블 매너인 것이다. 된장국을 먹을 때도 손에 들고 된장국 그릇을 입에 대고 마시듯이 먹는다. 특히 라면이나 우동과 같은 면을 먹을 때는 후루룩 후루룩 소리를 내면서 먹는다. 일본인들에게 있어서 소리를 내면서 음식을 먹는다는 것은 맛있게 음식을 먹고 있다는 것을 의미하기 때문이다. 한국인들이 보기에는 식사 매너가 없어 보이는 것 같은 모습이 일본에서는 그것이 그들의 식사 매너이고 음식 문화인 것이다.

4 春は 暖かいですね。

Unit

鈴木	春は 暖かいですね。
金	はい、暖かくて いいですね。
鈴木	韓国の 春も 暖かいですか。
金	はい、暖かくて いい天気です。
鈴木	春は いいですね。でも、昨日は 雨で 寒かったですね。
金	はい、少し 寒かったです。

鈴木　お茶は いかがですか。

金　　いいですね。熱いですか。

鈴木　いいえ、熱くないです。冷たい お茶です。

金　　おいしいですね。

鈴木　金さんは 熱い お茶より 冷たい お茶の 方が いいですか。

金　　はい、私は あまり 熱くない お茶が いいです。

주요어구

春 <small>はる</small>	暖かい <small>あたた</small>
はい	いい
～て	でも
天気 <small>てんき</small>	雨 <small>あめ</small>
昨日 <small>きのう</small>	寒い <small>さむ</small>
～で	いいえ
少し <small>すこ</small>	お茶 <small>ちゃ</small>
いかがですか	熱い <small>あつ</small>
冷たい <small>つめ</small>	おいしい
～より	～(の)方が <small>ほう</small>
あまり	

문법과 문형

1 형용사의 활용법

일본어의 형용사는 어미가 「い」로 끝나고 어미활용을 한다.

활용형	활용 형태	예) あたたかい 따뜻하다		
미연형	어간 +かろう	あたたかかろう	따뜻하겠지	(추측)
연용형	어간 +かった	あたたかかった	따뜻했다	(과거)
	어간 +くない	あたたかくない	따뜻하지 않다	(부정)
	어간 +くて	あたたかくて	따뜻하고	(중지)
종지형	기본형	あたたかい	따뜻하다	(기본)
연체형	기본형 +명사	あたたかい 時(명사)	따뜻한 명사	(명사수식)
가정형	어간 +l ければ	あたたかければ	따뜻하다면	(가정)

일본어에서 「좋다」는 뜻의 형용사는 「いい」와 「よい」가 있는데, 형용사 「いい」는 기본형과 명사 수식의 경우에만 쓸 수 있고, 어미 활용을 해야 할 경우에는 「よい」로만 활용해야 한다.

天気が いいです。　　　　天気が よくなかったです。

いい 天気です。　　　　　天気が よくて、風も ないです。

天気が よくない。　　　　気持ちよく 風が ふく。

天気が よくありません。　天気が よければ 散歩します。

天気が よかった。

① 今日は 寒いです　　　　② 寒い 時は あたたかい お茶を 飲みます。

③ 昨日の 天気は 寒かったです。　④ 昨日は 寒くて、風も 強かったです。

단어

風(かぜ)	吹く(ふく)	気持(きもち)	散歩(さんぽ)	時(とき)	~ます	今日(きょう)	飲む(の)

⑤ 寒くない 天気が いいです。

⑥ 寒ければ あたたかい お茶を 飲みます。

2 ~より ~(の)方が

あつい お茶より つめたい お茶の 方が いいです。

「~より」는 「~보다」라는 뜻으로 비교를 나타내는 조사이다.

「~より~(の)方が」는 「~보다 ~쪽이」라는 뜻이다.

① 韓国の 夏より 日本の 夏の 方が あついです。

② 韓国より 日本の 方が 大きいです。

③ 赤より 青の 方が いいです。

④ この ノート より あの ノートの 方が 高いです。

3 あまり

私は あまり 熱くない お茶が いいです。

「あまり＋부정」은 「그다지」의 뜻을 가지며, 「あまり＋긍정」의 경우에는 「굉장히, 대단히」의 뜻을 갖는다.

단 어

| 強い(つよ) | 夏(なつ) | 大きい(おお) | 赤(あか) | の | 青(あお) |

① 天気は あまり 暖かくないです。　② ジュースが あまり 冷たくないです。
③ この 本は あまり よくないです。　④ 私は あまり うれしくないです。
⑤ あまりに うれしくて 泣きます。

4　~で

> 昨日は 雨で 寒かったですね。

조사 「で」는 여러 가지 기능을 가지고 있다. 수단, 방법, 장소, 범위, 원인, 이유, 상태 등을 나타낼 때 사용하며, 그 기능에 따라 해석도 달라진다. 여기에서의 「で」는 이유, 원인을 나타내며 「~로 인해서」로 해석하는 것이 좋다.

수단, 방법(~으로)	장소, 범위(~에서)	원인, 이유(~로 인해서)
バスで 行く	公園で 散歩する	雨で 中止する
鉛筆で 書く	部屋で 遊ぶ	仕事で 行く
手で 持つ	バスの 中で 寝る	勉強で 忙しい

☑ 계절

봄	여름	가을	겨울
春	夏	秋	冬

단어 ✎

うれしい	バス	行く	書く	手	泣く
持つ	公園	遊ぶ	寝る	中止する	
仕事	勉強	忙しい	ジュース	部屋	

☑ 중요한 형용사

계절	暖かい	暑い	涼しい	寒い	
맛	おいしい	まずい	甘い	苦い	辛い
	すっぱい	しおからい	しょっぱい	味が薄い	味が濃い
색	赤い	青い	白い	黄色い	黒い
	茶色い				

大きい	↔	小さい	高い	↔	低い	長い	↔	短い
高い	↔	安い	近い	↔	遠い	多い	↔	少ない
早い	↔	遅い	強い	↔	弱い	重い	↔	軽い
明るい	↔	暗い	新しい	↔	古い	広い	↔	狭い

単어 ✎

暖かい	暑い	涼しい	寒い	おいしい	早い
まずい	甘い	苦い	辛い	すっぱい	易しい
しおからい	しょっぱい	味	薄い	濃い	
赤い	青い	白い	黒い	茶色い	
大きい	小さい	高い	低い	長い	
短い	安い	近い	遠い	多い	
少ない	速い	遅い	強い	弱い	
重い	軽い	明るい	暗い	新しい	
古い	広い	狭い	黄色い	優しい	

01 괄호 안의 단어를 사용하여 답하시오.

❶ A: 韓国の 冬は あたたかいですか。 （あたたかい）

　 B: いいえ、_____

❷ A: 日本語は どうですか。　　　　　　（やさしい＋おもしろい）

　 B: _____

❸ A: 昨日は 寒かったですか。　　　　　（寒い）

　 B: はい、_____

❹ A: お茶は おいしいですか。　　　　　（つめたい＋おいしい）

　 B: はい、_____

02 괄호 안에 알맞은 말을 써 넣으시오.

❶ 英語の 勉強(　　　　) 日本語の 勉強(　　　　) 難しいです。

❷ 冷たい お茶(　　　　) あたたかい お茶が いいです。

❸ 風邪(　　　　) 頭が 痛い。

❹ 今日は 雨(　　　　) あたたかくないです。

❺ 公園(　　　　) 遊ぶ。

단어

英語　　難しい　　風邪　　頭が 痛い　　おもしろい　　易しい

일본인의 종교인식

대부분의 일본인은 타종교에 대한 부정적 의식을 가지지 않고, 타종교에 대해서 관용적이기 때문에 종교적 대립이라는 현상은 거의 볼 수 없다. 또 종교에 대한 귀속 의식이 깊지 않고, 각종 종교 의례에 참가하고 있으면서도 자신들은「무종교」라고 생각하는 일본인도 많다. 일본인의 종교에 대한 관념은 매우 유연성이 있고 여러 종교나 종파의 원리를 자연스럽게 조금씩 원용하고 있다. 따라서 신생아는 신사(神社)에서 축복을 받게 하고, 절에서 결혼의 택일을 받으며, 결혼식은 교회나 호텔에서 기독교식으로 거행하는 것이 매우 자연스럽게 받아들여지고 있다. 일본인들의 이러한 종교 의식은 예로부터「팔백만의 신」을 숭배하는 신도(神道)를 중심으로 한 독특한 종교관을 가졌었기 때문이며, 그렇기 때문에 일본에서는 석가도 예수 그리스도도 다양한 신들 중의 하나로 인식되어 지고 있는 것이다.

MEMO

5 Unit

釣りは 好きですか。

山田	朴さん、お土産です。
	赤い ボールペンと 青い ボールペンと
	どちらが 好きですか。
朴	青いのが 好きです。
山田	朴さんは 青い色が 好きですか。
朴	一番 好きな 色です。
	ところで、今回の 旅行は どうでしたか。

山田	江原道は 海が とても きれいな ところでした。
朴	はい、私も 好きな ところです。
山田	そうですか。釣りは 好きですか。
朴	はい、大好きです。でも、刺身は 嫌いです。
山田	そうですか。
朴	何が 一番 よかったですか。
山田	やはり、きれいで 立派な 海が よかったです。
朴	いいですね。

주요어구

釣り	やはり	ところ
山田	きれいだ	嫌いだ
ボールペン	好きだ	立派だ
一番	お土産	江原道
色	の	
旅行	今回	
大好きだ	ところで	
刺身	海	

문법과 문형

1 형용동사의 활용법

일본어의 형용동사는 어미가 「だ」로 끝나고 어미활용을 한다.

활용형	활용 형태	예) 好きだ 좋아하다		
미연형	어간 +だろう	好きだろう	좋아하겠지	(추측)
연용형	어간 +だった	好きだった	좋아했다	(과거)
	어간 +ではない	好きではない	좋아하지 않다	(부정)
	어간 +で	好きで	좋아하고	(중지)
종지형	기본형	好きだ	좋아하다	(기본)
연체형	어간 +な +명사	好きな＋時(명사)	좋아하는 명사	(명사수식)
가정형	어간 +ならば	好きならば	좋아한다면	(가정)

① 刺身は 嫌いです。
② にんじんは 私の 嫌いな 食べ物です。
③ 若い 時は サッカーが 上手でした。
④ あの 喫茶店は きれいで 立派です。
⑤ 嫌いでも 好きでもないです。
⑥ バスが 嫌ならば 電車で 行きます。

2 ~と ~と どちらが 好きですか。

赤い ボールペンと 青い ボールペンと どちらが 好きですか。

단어

にんじん	食べ物(たべもの)	若い(わかい)	時(とき)	サッカー
上手(じょうず)	喫茶店(きっさてん)	~でも ~でも	電車(でんしゃ)	嫌(いや)だ

① お茶と ジュースと どちらが 好きですか。

② 海と 山と どちらが 好きですか。

③ 英語と 日本語と どちらが 好きですか。

④ 和風と 洋風と どちらが 好きですか。

⑤ スカートと ズボンと どちらが 好きですか。

3 の

青いのが 好きです。

조사 「の」는 여러 가지의 기능을 가지고 있다. 명사와 명사 사이에서 「~의」로 해석 되어지는 경우와, 동격을 나타내는 경우인 「~인」과 준체조사(불완전명사)로 쓰이는 경우인 「~것」 등이 있다.

~의	~인	~것
日本語の 本	弟の 一郎	私のは どれですか。
英語の 先生	先生の 木村さんです。	行くのは いつですか。
私の パソコン	友だちの 田中です。	青いのが 好きです。

단어

ジュース	山（やま）	英語（えいご）	和風（わふう）	洋風（ようふう）
スカート	ズボン	パソコン	弟（おとうと）	一郎（いちろう）
木村（きむら）	友だち（とも）	いつ		

4 ~で ~です。

> きれいで 立派な 海が よかったです。

① この 喫茶店は 静かで きれいです。
② 彼は いつも 元気で 明るいです。
③ 電車は 便利で 速いです。
④ あの 本屋は 立派で 便利です。
⑤ 弟は 素直で まじめです。

☑ 중요한 형용동사

好きだ	嫌いだ	便利だ	不便だ	上手だ	下手だ
簡単だ	複雑だ	新鮮だ	元気だ	素直だ	立派だ
静かだ	豊かだ	貧乏だ	大切だ	同じだ	平気だ
親切だ	きれいだ	まじめだ	いやだ	にぎやかだ	いろいろだ

단어

彼	好きだ	便利だ	不便だ	上手だ
静かだ	嫌いだ	複雑だ	素直だ	親切だ
下手だ	元気だ	大切だ	同じだ	平気だ
豊かだ	簡単だ	まじめだ	いやだ	にぎやかだ
いろいろだ	貧乏だ	嫌だ	速い	店
いつも	本屋	彼	新鮮だ	どんな

01 다음 질문에 일본어로 답하시오.

❶ A: 海と 山と どちらが すきですか。

B: ＿＿＿＿＿＿＿＿＿＿＿＿＿＿＿＿＿＿＿＿

❷ A: 朴さんは どんな 人ですか。　　　（まじめだ＋親切だ）

B: ＿＿＿＿＿＿＿＿＿＿＿＿＿＿＿＿＿＿＿＿

❸ A: どんな 店ですか。　　　　　　　（静かだ＋広い）

B: ＿＿＿＿＿＿＿＿＿＿＿＿＿＿＿＿＿＿＿＿

❹ A: サッカーは 好きですか。

B: いいえ、＿＿＿＿＿＿＿＿＿＿＿＿＿＿＿＿＿

단어
どんな　　　　店

 연습해 봅시다!

02 다음 문장을 일본어로 작문하시오.

❶ 가장 좋아하는 음식은 무엇입니까?

→ _____

❷ 조용하고 깨끗한 가게입니다。

→ _____

❸ 산과 바다 어느 쪽이 좋습니까?

→ _____

❹ 좋지도 싫지도 않습니다.

→ _____

목욕을 즐기는 일본인

목욕은 일본인이 하루의 피곤을 푸는데 있어서 중요한 일과 중의 하나이다. 목욕은 샤워만 하는 것이 아니라 따뜻한 물속에 몸을 담그는 것이 일반적인 관습이다. 그렇기 때문에 일본인이 해외에서 단체로 호텔에 숙박하는 경우 따뜻한 물의 공급이 모자라는 경우도 있다고 한다. 일본의 일반 가정에서는 욕조의 물을 데워서 가족이 순차적으로 반복하여 사용하는 관습을 모르고 일본인의 가정집을 방문한 외국인이 입욕 후에 욕조의 마개를 뽑아 물을 다 버리는 경우가 있는데 일본인은 앞사람이 사용한 욕조의 온수를 버리지 않고 재사용한다. 일반적으로는 그 집의 가장이 먼저 사용하지만, 손님이 왔을 경우에는 손님에게 먼저 들어가도록 권하는데 사용한 물을 버리지 않고 데워 쓰는 관습을 모르고, 목욕 후에 물을 버려버리면 주인은 대단히 당황하게 된다. 또 일본 전국에는 수많은 온천과 노송나무 목욕탕, 야외 목욕탕 등 다양한 종류의 목욕탕 시설이 있다. 일본인은 욕조에 몸을 담그고 친한 친구나 가족들과 이야기를 나누거나 때로는 술을 마시면서 즐긴다. 헤이안시대(平安時代 794년~1192년) 이후 일본인들은 이사나 혼례, 병이 회복되거나 신년을 맞이할 때는 반드시 입욕을 하였다. 종교적 · 문화적 의례로써 목욕을 하는 것은 일본인에게 있어서 중요시되었다. 이렇듯 일본인은 다양하게 목욕을 즐기는 민족이라고 할 수 있다.

Unit 6 　誕生日は いつですか。

田中　李さんの 誕生日は いつですか。

李　　9月 3日です。

田中　明日ですね。パーティーは ありますか。

李　　ありますよ。夜の 7時からです。
　　　田中さんも どうぞ。

田中　ありがとうございます。

李	田中さんの 誕生日は いつですか。
田中	私は 3月 5日です。
李	明日からは 田中さんと 同じ年に なりますね。
田中	そうですね。ところで 李さん、今 何時ですか。
李	2時 50分です。
田中	大変だ。3時から アルバイトです。
李	もう 10分しかないですよ。

주요어구

誕生日 <small>たんじょうび</small>	もう	アルバイト
パーティー	ところで	~しかない
夜 <small>よる</small>	明日 <small>あした</small>	
どうぞ	~から	
年 <small>とし</small>	いつ	
今 <small>いま</small>	~になる	
時 <small>じ</small>	何時 <small>なんじ</small>	
大変だ <small>たいへん</small>	分 <small>ふん/ぶん</small>	

문법과 문형

1

☑ 년(年)

1年	2年	3年	4年	5年	6年
いちねん	にねん	さんねん	よねん	ごねん	ろくねん
7年	8年	9年	10年	11年	12年
しちねん	はちねん	きゅうねん	じゅうねん	じゅういちねん	じゅうにねん

☑ 월(月)

1月	2月	3月	4月	5月	6月
いちがつ	にがつ	さんがつ	しがつ	ごがつ	ろくがつ
7月	8月	9月	10月	11月	12月
しちがつ	はちがつ	くがつ	じゅうがつ	じゅういちがつ	じゅうにがつ

☑ 요일(曜日)과 날짜(日)

日曜日	月曜日	火曜日	水曜日	木曜日	金曜日	土曜日
1日 (ついたち)	2日 (ふつか)	3日 (みっか)	4日 (よっか)	5日 (いつか)	6日 (むいか)	7日 (なのか)
8日 (ようか)	9日 (ここのか)	10日 (とおか)	11日 (じゅういちにち)	12日 (じゅうににち)	13日 (じゅうさんにち)	14日 (じゅうよっか)
15日 (じゅうごにち)	16日 (じゅうろくにち)	17日 (じゅうしちにち)	18日 (じゅうはちにち)	19日 (じゅうくにち)	20日 (はつか)	21日 (にじゅういちにち)
22日 (にじゅうににち)	23日 (にじゅうさんにち)	24日 (にじゅうよっか)	25日 (にじゅうごにち)	26日 (にじゅうろくにち)	27日 (にじゅうしちにち)	28日 (にじゅうはちにち)
29日 (にじゅうくにち)	30日 (さんじゅうにち)	31日 (さんじゅういちにち)				

그저께	어제	오늘	내일	모레	글피
_{おととい} 一昨日	_{きのう} 昨日	_{きょう} 今日	_{あした} 明日	_{あさって} 明後日	_{しあさって} 明明後日

지지난주	지난주	이번주	다음주	다다음주
_{せんせんしゅう} 先々週	_{せんしゅう} 先週	_{こんしゅう} 今週	_{らいしゅう} 来週	_{さらいしゅう} 再来週

재작년	작년	금년	내년	내후년
_{おととし} 一昨年	_{きょねん} 昨年	_{ことし} 今年	_{らいねん} 来年	_{さらいねん} 再来年

☑ 시간(時分^{じふん})

1時	2時	3時	4時	5時	6時
いちじ	にじ	さんじ	よじ	ごじ	ろくじ

7時	8時	9時	10時	11時	12時
しちじ	はちじ	くじ	じゅうじ	じゅういちじ	じゅうにじ

1分	2分	3分	4分	5分	6分	7分	8分	9分	10分
いっぷん	にふん	さんぷん	よんぷん	ごふん	ろっぷん	ななふん	はっぷん	きゅうふん	じゅっぷん

11分	12分	13分	14分	15分	16分	17分	18分	19分	20分
じゅういっぷん	じゅうにふん	じゅうさんぷん	じゅうよんぷん	じゅうごふん	じゅうろっぷん	じゅうななふん	じゅうはっぷん	じゅうきゅうふん	にじゅっぷん

21分	22分	23分	…	…	…	30分	40分	50分	60分
にじゅういっぷん	にじゅうにふん	にじゅうさんぷん				さんじゅっぷん(はん)	よんじゅっぷん	ごじゅっぷん	ろくじゅっぷん

1秒	2秒	3秒	4秒	5秒	6秒	7秒	8秒	9秒	10秒
いち びょう	に びょう	さん びょう	よん びょう	ご びょう	ろく びょう	なな びょう	はち びょう	きゅう びょう	じゅう びょう
11秒	12秒	13秒	・・・	・・・	20秒	30秒	40秒	50秒	60秒
じゅう いち びょう	じゅう に びょう	じゅう さん びょう			に じゅう びょう	さん じゅう びょう	よん じゅう びょう	ご じゅう びょう	ろく じゅう びょう

01 다음 질문에 일본어로 답하시오.

❶ あなたの 誕生日は いつですか。

→ _____

❷ 学校は 何時からですか。

→ _____

❸ 弟の 誕生日は いつですか。

→ _____

❹ 今 何時ですか。

→ _____

02 다음 문장을 일본어로 작문하시오.

❶ 오늘은 9월 8일입니다.

→ _____

❷ 어제는 12월 1일 이었습니다.

→ _____

❸ 내일은 춥습니다.

→ _____

❹ 지금은 2시 5분입니다.

→ _____

❺ 일본어 수업은 8시부터입니다.

→ _____

일본인의 식사 예법

1) 식사 전에는 반드시 인사를 하고 젓가락을 든다.

2) 바른 자세로 밥그릇을 손에 들고, 먹을 때는 소리를 내지 않도록 주의한다.

3) 밥은 왼쪽 국은 오른쪽에 놓으며 숟가락은 사용하지 않고 젓가락만으로 식사를 한다. 따라서 국은 떠먹지 못하고 마셔야 한다. 마실 때에는 왼손으로 국그릇을 입 가까이 가지고 와서 젓가락으로 국그릇 안에 넣어 세워서 입을 대고 마신다. 이는 국물을 마실 때 국건더기가 함께 입으로 들어가는 것을 막기 위해서이다. 남은 건더기는 젓가락으로 건져서 먹는다.

4) 밥도 입 근처까지 밥그릇을 가져와서 흘리지 않도록 젓가락으로 먹는다.

5) 그릇의 뚜껑은 밥, 국, 반찬 등을 차례대로 여는 데, 밥공기의 뚜껑을 열어 왼쪽에 놓고 식사가 끝나면 뚜껑을 덮어 놓는다.

6) 밥공기는 작은 공기를 이용하기 때문에 더 먹고 싶을 때는 밥공기를 비우지 않고 조금 남긴다. 깨끗이 비웠을 때는 다 먹었음을 의미한다.

7) 감자나 무 등으로 만든 반찬을 젓가락으로 찔러보는 것은 실례이며 음식의 간을 새로 맞추지 않는다.

8) 공동으로 먹는 음식을 자신의 젓가락으로 집어먹는 것은 절대 금물이다. 음식에는 보통 전용 젓가락이 달려 나오는데 그렇지 않은 경우에는 자신의 젓가락을 뒤집어 손잡이 부분을 사용하여 공동음식을 집도록 한다.

(자기 입에 닿았던 부분으로 공용음식에 손대는 것은 다른 사람에게 불쾌감을 준다고 여기기 때문이다.)

Unit 7　顔色が 悪いですね。

李　　田中さん、顔色が 悪いですね。

田中　実は 風邪ですよ。

李　　それは 大変ですね。熱は ありませんか。

田中　熱も ありますし、頭も 痛いです。

李　　風邪の 時は 体中が 痛くないですか。

田中　そうですよ。頭も 痛くて 喉も 痛いです。

李　　　田中さんの　部屋には　布団が　ありますか。

田中　　はい、押し入れの　中に　ありますよ。

李　　　そういえば、田中さんは　体が　細いですね。
　　　　体重は　何キロですか。

田中　　昨日、病院では　52キロでした。

李　　　田中さんは　体も　細いし、病弱で　大変ですね。

田中　　細いですが、弱くはないですよ。

주요어구

顔色 かおいろ	悪い わるい
実は じつ	風邪 かぜ
大変だ たいへん	熱 ねつ
頭 あたま	痛い いた
時 とき	体中 からだじゅう
喉 のど	部屋 へや
押し入れ お　い	布団 ふとん
体 からだ	そういえば
体重 たいじゅう	細い ほそ
では	病院 びょういん
病弱 びょうじゃく	キロ
弱い よわ	～が、

문법과 문형

1

☑ 신체

☑ 신장·체중

한국에서는 키가 얼마인지 묻고 대답할 때 주로 ~센티를 사용해서 150센티라든지 170센티라고 하는데, 일본에서는 ~미터를 섞어서 1미터 50센티, 1미터 70센티라고 한다. 몸무게는 한국과 마찬가지로 ~킬로그램을 사용한다.

1	2	3	4	5	6	7	8	9	10
いち キロ	に キロ	さん キロ	よん キロ	ご キロ	ろっ キロ	なな キロ	はち キロ	きゅう キロ	じゅっ キロ
11	12	…	…	…	…	…	…	…	100
じゅう いち キロ	じゅう に キロ								ひゃっ キロ

단어

| 頭
_{あたま} | 顔
_{かお} | 目
_め | 鼻
_{はな} | 口
_{くち} | 耳
_{みみ} | 首
_{くび} | 肩
_{かた} |
| 腕
_{うで} | 手
_て | 胸
_{むね} | 腹
_{はら} | 尻
_{しり} | 脚
_{あし} | 足
_{あし} | |

01 다음 질문에 일본어로 답하시오.

❶ あなたの 身長は どれくらいですか。(身長^{しんちょう})

→ _____

❷ あなたは 何キロですか。

→ _____

❸ 先生の 身長は どれくらいですか。

→ _____

❹ お母さんの 体重は 何キロですか。

→ _____

02 다음 문장을 일본어로 작문하시오.

❶ 어제부터 배가 아픕니다.

→ _____

❷ 다나카씨는 다리가 깁니다.

→ _____

❸ 다나카씨는 나보다 키가 크지 않습니다. (~より : ~보다)

→ _____

❹ 어렸을 때는 눈이 좋았습니다. (幼い)

→ _____

일본문화상식

일본의 국토

면적 : 377,915㎢　(2017년 현재)

인구 : 1억 2604만명 (2017년 현재)

北海道

本州

四国

九州

沖縄

8 Unit

電車で 行きます。

山下	明日は 土曜日ですが、約束でも ありますか。
金	いいえ、何も ありません。
山下	では、明日 新宿御苑に 行きませんか。
金	新宿御苑は どう 行きますか。
山下	電車で 行きます。
金	新宿御苑には 何が ありますか。
山下	木や 花や 池などが あります。 きれいな 庭園ですよ。

金	御苑と 庭園と どう 違いますか。
山下	皇室 所有の 庭園を 御苑と 言います。
金	そうですか。明日 何時に 会いますか。
山下	12時は どうですか。
金	いいですね。明日が 楽しみです。
山下	私もです。

주요어구

でんしゃ
電車
やました
山下
やくそく
約束
では、
どう
はな
花
など
ちが
違う
しょゆう
所有
い
言う
あ
会う

い
行く
どようび
土曜日
~でも
しんじゅくぎょえん
新宿御苑
き
木
いけ
池
ていえん
庭園
こうしつ
皇室
~と
なんじ
何時
たの
楽しむ

문법과 문형

1 5단 활용 동사의 활용법

일본어의 동사는 어미가 「う단」으로 끝나고 어미활용을 한다.

(「う단」: う、く、ぐ、す、ず、つ、ぬ、ふ、ぶ、む、る)

동사의 종류에는 5단 활용 동사, 상1단 활용 동사, 하1단 활용 동사, カ 변격 동사(来る), サ변격 동사(する)가 있다. 5단 활용 동사는, 어미가 「あ단、い단、う단、え단、お단」다섯 단에 걸쳐서 활용하므로 5단 활용 동사라고 한다.

활용형	활용 형태	예) 行く 가다	
미연형	어미를 「あ단」으로 + ない	行かない	가지 않다 (부정)
연용형	어미를 「い단」으로 + ます	行きます	갑니다 (정중)
종지형	기본형	行く	가다 (기본)
연체형	기본형 + 명사	行く+時(명사)	가는 명사(명사수식)
가정형	어미를 「え단」으로 + ば	行けば	가면 (가정)
명령형	어미를 「え단」으로	行け	가 (명령)
의지형	어미를 「お단」으로 + う	行こう	가자 (권유의지)

단, 어미가 「う」로 끝나는 5단 활용 동사를 미연형으로 만들 경우 「あ」가 아니라, 「わ」로 바꾸어 변형해야 한다.

言う → 言わない   思う → 思わない

会う → 会わない   通う → 通わない

習う → 習わない   使う → 使わない

단어

思う   会う   習う   通う   使う

① 私は そう 思います。　② 私は そう 思わないです。
③ 英語を 習いました。　④ 英語を 習わないです。

2　~や ~や ~などが あります。

> 木や 花や 池などが あります。

「~와/과 ~와/과 ~등이 있습니다.」의 뜻을 가진 여러 개를 나열 할 때 쓰는 조사 이다.

① 教室には 机や いすなどが あります。
② 部屋には テレビや ビデオや テーブルなどが あります。
③ かばんの 中には 本や ノートや 筆箱などが あります。
④ 冷蔵庫の 中には ジュースや お茶などが あります。
⑤ デパートには 洋服や くつや 食器などが あります。

3　~と ~と どう 違いますか。

> 御苑と 庭園と どう 違いますか。

① これと それと どう 違いますか。

단어 ✎

いす	ノート	テーブル	筆箱 (ふでばこ)	食器 (しょっき)
冷蔵庫 (れいぞうこ)	デパート	洋服 (ようふく)	くつ	男 (おとこ)
女 (おんな)	家 (いえ)	家 (うち)	木 (き)	花 (はな)
池 (いけ)	教室 (きょうしつ)	机 (つくえ)	筆箱 (ふでばこ)	中 (なか)

② いえと うちと どう 違いますか。

③ 男と 女と どう 違いますか。

④ ジュースと エキスと どう 違いますか。

⑤ 都市と 地方と どう 違いますか。

☑ 중요한 5단 활용 동사

会う	言う	習う	思う	書く	泣く	聞く	泳ぐ
急ぐ	探す	消す	押す	打つ	持つ	死ぬ	並ぶ
呼ぶ	飛ぶ	読む	休む	乗る	作る	帰る	入る
要る							

단어

エキス	都市(とし)	地方(ちほう)	書(か)く	泣(な)く
聞(き)く	泳(およ)ぐ	急(いそ)ぐ	探(さが)す	消(け)す
押(お)す	打(う)つ	持(も)つ	死(し)ぬ	並(なら)ぶ
呼(よ)ぶ	飛(と)ぶ	読(よ)む	休(やす)む	乗(の)る
作(つく)る	帰(かえ)る	入(はい)る	要(い)る	

연습해 봅시다!

01 주어진 단어를 사용하여 5단 활용 동사의 활용을 하시오.

	思う	押す	持つ	乗る
미연형				
연용형				
종지형				
연체형				
가정형				
명령형				
의지형				

02 괄호 안의 단어를 사용하여 답하시오.

❶ 教室に テレビが ありますか。　　　（いいえ）

→ _____

❷ これを 使いますか。　　　（いいえ）

→ _____

❸ 机の 上に 何が ありますか。　　　（本, ノート, 鉛筆）

→ _____

❹ 新宿御苑は どう 行きますか。　　　（電車）

→ _____

일본문화상식

일본인의 젓가락 사용 예법

일반적으로 대나무로 만든 젓가락을 사용하며, 가정에서는 대개 검정색은 아버지용 빨간색은 어머니용으로 개인의 젓가락을 지정해두고 사용하고 있다. 손님을 대접 할 때는 일반적으로 1회용 나무젓가락을 내 놓는다. 그 이유는 나무젓가락은 1회용이므로 청결 할 뿐만 아니라 설거지도 간단하기 때문이다. 그리고 아래와 같은 젓가락 사용은 절대로 금해야 한다.

1) 네부리바시(粘箸)   : 젓가락을 핥아서 사용하는 것을 말한다.

2) 마요이바시(迷箸)   : 젓가락을 들고 이것저것 집으면서 망설이는 것을 말한다.

3) 사구리바시(探箸)   : 위에 있는 것을 치우고 밑에 있는 것을 골라내는 것을 말한다.

4) 젠고시바시(膳越箸)   : 밥상을 가로 질러서 건너편에 있는 것을 먹는 것을 말한다.

5) 우케스이바시(受吸箸) : 다른 사람이 주는 음식을 입으로 바로 받아 먹는 것을 말한다.

6) 쓰키바시(突箸)   : 음식을 푹 찔러서 먹는 것을 말한다.

7) 가라바시(空箸)   : 한 번 음식을 젓가락으로 집었다가 먹지 않고 다시 놓는 것을 말한다.

8) 고미바시(込箸)   : 입안에 먼저 먹던 것이 있는데, 다시 다른 것을 입에 넣는 것을 말한다.

ここに 書いて ください。

鈴木　金さん、昨日の 企画書は 終わりましたか。

金　　終わりました。ここに あります。

鈴木　では、その 企画書を 本社に 送ってください。

金　　ここに 部長の サインを してください。

鈴木　ここに したら いいですか。

金　　はい そうです。では、急いで 本社に 送ります。

鈴木　　金さんは 入社して どの くらい 経ちましたか。

金　　　もう 2年に なります。

鈴木　　入社して もう 2年も 経ちましたか。速いですね。
　　　　仕事は 慣れましたか。

金　　　はい、すこし 慣れました。

鈴木　　それは 良かったですね。これからも がんばってください。

金　　　はい、がんばります。

주요어구

鈴木	慣れる	仕事
企画書	終わる	頑張る
本社	送る	
～てください	部長	
サイン	急ぐ	
入社	くらい	
経つ	もう	
～になる	速い	

문법과 문형

1 동사의 음편(音便)

　5단 활용 동사에서만 일어나는 현상으로 과거 완료「た」, 가정형「たら」, 조사「たり」와「て」가 접속하는 경우 발음이 변하는 현상을 말한다. 음편에는 동사의 어미가 い로 변하는「い음편」, 동사의 어미가 촉음「っ」로 변하는「つ음편」, 동사의 어미가「ん」로 변하는「ん음편」의 3종류가 있다.

☑ 5단 활용 동사의 음편 활용법

① い 음편

　5단 활용 동사 중에서 어미가「く」또는「ぐ」인 경우 어미가「い」로 변하는 현상을 말한다.

聞く ＋ 　た　（~었/았다）　 → 聞い ＋ 　た
　　　　　て　（~이고）　　　　　　　　　て
　　　　　たり（~하기도 하고）　　　　　たり
　　　　　たら（~다면）　　　　　　　　たら

* 「行く」는 예외 동사로 行った, 行ったら, 行ったり, 行って로 변한다.

② つ 음편

　5단 활용 동사 중에서 어미가「う」,「つ」,「る」인 경우 어미가 촉음「っ」로 변하는 현상을 말한다.

会う ＋ 　た　（~었/았다）　 → 会っ ＋ 　た
　　　　　て　（~이고）　　　　　　　　　て
　　　　　たり（~하기도 하고）　　　　　たり
　　　　　たら（~다면）　　　　　　　　たら

待つ +	た　　（~었/았다） て　　（~이고） たり　（~하기도 하고） たら　（~다면）	→	待っ +	た て たり たら
知る +	た　　（~었/았다） て　　（~이고） たり　（~하기도 하고） たら　（~다면）	→	知っ +	た て たり たら

③ ん 음편

5단 활용 동사 중에서 어미가 「ぬ」, 「ぶ」, 「む」인 경우 어미가 「ん」으로 변하는 현상을 말한다.

死ぬ +	た　　（~었/았다） て　　（~이고） たり　（~하기도 하고） たら　（~다면）	→	死ん +	た て たり たら
遊ぶ +	た　　（~었/았다） て　　（~이고） たり　（~하기도 하고） たら　（~다면）	→	遊ん +	た て たり たら
読む +	た　　（~었/았다） て　　（~이고） たり　（~하기도 하고） たら　（~다면）	→	読ん +	た て たり たら

단어

聞く	会う	待つ	知る	死ぬ

* 음편 현상이 일어나지 않는 5단 활용 동사와 상1단 동사, 하1단 동사는 동사의
  연용형에 과거 완료「た」, 가정형「たら」, 조사「たり」와「て」를 접속하면 된다.

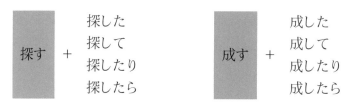

| 探す | + | 探した
探して
探したり
探したら | 成す | + | 成した
成して
成したり
成したら |

2 ~て ください。

> この 企画書を 本社に 送って ください。

① ここに 書いて ください。　② 本を 読んで ください。

③ 早く 選んで ください。　④ 事務室に 行って ください。

3 ~たら

> それが 終わったら 帰って いいですよ。

① 洗ったら 片付けて ください。　② ここで 待ったら いいですか。

③ 宿題が 終わったら 遊んでいいです。④ 韓国に 行ったら のりを 買います。

단어

<ruby>遊<rt>あそ</rt></ruby>ぶ	<ruby>読<rt>よ</rt></ruby>む	<ruby>探<rt>さが</rt></ruby>す	<ruby>成<rt>な</rt></ruby>す	<ruby>選<rt>えら</rt></ruby>ぶ
<ruby>事務室<rt>じ む しつ</rt></ruby>	<ruby>洗<rt>あら</rt></ruby>う	<ruby>片付<rt>かた づ</rt></ruby>ける	<ruby>宿題<rt>しゅくだい</rt></ruby>	<ruby>韓国<rt>かんこく</rt></ruby>
のり	<ruby>買<rt>か</rt></ruby>う			

	個（こ）	冊（さつ）	枚（まい）
1	いっこ	いっさつ	いちまい
2	にこ	にさつ	にまい
3	さんこ	さんさつ	さんまい
4	よんこ	よんさつ	よんまい
5	ごこ	ごさつ	ごまい
6	ろっこ	ろくさつ	ろくまい
7	ななこ	ななさつ	ななまい
8	はちこ	はっさつ	はちまい
9	きゅうこ	きゅうさつ	きゅうまい
10	じゅっこ	じゅっさつ	じゅうまい
何	なんこ	なんさつ	なんまい

	足（そく）	階（かい）	軒（けん）
1	いっそく	いっかい	いっけん
2	にそく	にかい	にけん
3	さんそく	さんがい、さんかい	さんけん
4	よんそく	よんかい	よんけん
5	ごそく	ごかい	ごけん
6	ろくそく	ろっかい	ろっけん
7	ななそく	ななかい	ななけん
8	はっそく	はっかい、はちかい	はっけん
9	きゅうそく	きゅうかい	きゅうけん
10	じゅっそく	じゅっかい	じゅっけん
何	なんぞく	なんがい	なんけん

연습해 봅시다!

01 다음 5단 활용 동사를 음편형으로 고치시오.

	た	たら	たり	て
書く				
脱ぐ				
習う				
打つ				
作る				
死ぬ				
呼ぶ				
慣らす				

02 괄호 안의 단어를 사용하여 문장을 완성 하시오.

❶ 家へ ＿＿＿＿＿＿＿＿＿ ください。　　(帰る)

❷ 飲み物を ＿＿＿＿＿＿＿＿＿ ください。　　(飲む)

❸ 本を ＿＿＿＿＿＿＿＿＿ ください。　　(読む)

❹ バスに ＿＿＿＿＿＿＿＿＿ ください。　　(乗る)

03 다음 문장을 일본어로 작문하시오.

❶ 빨리 보내 주시겠습니까?

→ _____

❷ 이것이 끝나면 가도 돼요.

→ _____

❸ 이 책을 읽어 주세요.

→ _____

❹ 여기에 이름을 써주세요.

→ _____

일본인의 음주 예절

1) 일반적으로는 처음에 맥주를 가볍게 마시고 나서 자기가 좋아하는 술을 각자 선택하는 경우가 많기 때문에, 처음에 술을 권유받으면 '맥주부터 마시자'라고 하는 것이 좋다.

2) 상대방이 잔을 다 비울 때까지 기다리지 말고, 상대방의 술잔에 술이 줄어들면 첨잔을 한다. 일본에서는 상대방의 빈 잔을 두고 그냥 방치하는 것은 상대방에 대한 무례이자 무관심한 행위로 간주된다.

3) 손님의 잔이 1/3이하로 줄어 있는데도 주인이 권하지 않으면 자리를 끝내고자 하는 의사표시로 이해하기 때문에 그러한 오해를 사지 않기 위해서는 초대했을 경우 수시로 술을 권해야 한다.

4) 술을 받은 후 조금 입을 댄 것만으로도 족하므로 무리하게 마시지 않아도 되며, 술을 따를 때나 받을 때도 한손으로 하는 것이 원칙이다.

5) 술잔을 돌리는 행위는 매우 비위생적이며 후진적이라고 생각한다.

6) 여성이 남성에게 술을 따르는 것에 대하여 특별한 의미 부여나 차별적 사고를 갖고 있지 않다.

7) 술집이나 음식점에서 친한 친구사이라고 하더라도 일반적으로는 각자가 따로 계산하는 것이 관습이기 때문에 무리하게 혼자서 계산하는 것은 예의에 어긋나는 행위로 오해 받을 수 있다.

8) 양주나 소주는 주로 탄산음료나 물에 희석하여 마시는 것이 보편적이며, 한국에서처럼 스트레이트로 마시는 경우는 거의 없다.

10 Unit

朝 何時に 起きますか。

鈴木　高さん、おはよう。

高　　おはよう ございます。

鈴木　高さんは 朝が 早いですか。

高　　はい、朝 6時に 起きて 7時に 家を 出ます。

鈴木　夜は 何時に 寝ますか。

高　　朝が 早いので 夜は 10時に 寝ます。

鈴木　夜も 早いですね。

高	部長は 朝ご飯を 食べますか。
鈴木	食べませんね。朝は いつも コーヒー だけです。
高	私は 朝ご飯を 食べないと 仕事が できないです。
鈴木	私は いつも 食べないので 大丈夫です。
	高さんは 家で 食べますか。
高	はい、いつも 家で 食べます。

주요어구

朝	起きる
おはよう	夜
出る	朝ご飯
寝る	いつも
食べる	だけ
コーヒー	大丈夫
できる	ので
家	

문법과 문형

1 상1단 활용 동사의 활용법

어미가 「る」인 동사 중에서 「る」바로 앞이 「い단」인 동사를 상1단 동사라고 한다. 상1단 동사의 활용은 「い단」으로만 활용한다.

활용형	활용 형태	예) 起きる	일어나다.
미연형	어간 + ない	起きない	일어나지 않다 (부정)
연용형	어간 + ます	起きます	일어납니다　(정중)
종지형	기본형	起きる	일어나다　(기본)
연체형	기본형 + 명사	起きる + 時(명사)	일어나는 명사 (명사수식)
가정형	어간 + れば	起きれば	일어나면　(가정)
명령형	어간 + ろ、よ	起きろ, 起きよ	일어나　(명령)
의지형	어간 + よう	起きよう	일어나자　(권유의지)

① 朝 6時に 起きます。
② いつも ニュースを 見ます。
③ 今 起きないと 学校に 遅れます。
④ テレビを 見る 時は 部屋を 明るくして ください。
⑤ お母さんは いますか。
⑥ 見れば わかります。

단어

いつも	ニュース	遅(おく)れる	時(とき)	明(あか)るい
いる	お母(かあ)さん	分(わ)かる		

2 하1단 활용 동사의 활용법

이미가 「る」인 동사 중에서 『る』바로 앞이 「え단」인 동사를 하1단 동사 라고 한다. 하1단 동사의 활용은 「え단」으로만 활용한다.

활용형	활용 형태	예) 食べる	먹다	
미연형	어간 + ない	食べない	먹지 않다	(부정)
연용형	어간 + ます	食べます	먹습니다	(정중)
종지형	기본형	食べる	먹다	(기본)
연체형	기본형 + 명사	食べる+時(명사)	먹을 때	(명사수식)
가정형	어간 + れば	食べれば	먹으면	(가정)
명령형	어간 + ろ、よ	食べろ、食べよ	먹어라	(명령)
의지형	어간 + よう	食べよう	먹자	(권유의지)

① 家で 朝ご飯を 食べます。

② 8時に 家を 出ます。

③ 朝ご飯を 食べないと 勉強が できません。

④ いま 出ないと 電車に 間に合いません。

⑤ 食べる 時は いつも 静かです。

⑥ 練習を 始めよう。

단어

朝ご飯	間に合う	勉強	電車	静かだ
練習	始める			

3 食べます / 食べません

朝ご飯は 食べますか。　　　朝ご飯は 食べません。

① 朝、早く 起きますか。

　いいえ、早く 起きません。

② ニュースは 見ますか。

　いいえ、見ません。

③ 弟は いますか。

　いいえ、弟は いません。

④ これを 食べますか。

　いいえ、食べません。

⑤ もう 11時です。寝ませんか。

　はい、まだ 寝ません。

단어

弟(おとうと)	寝(ね)る

01 상1단 동사 활용을 하시오.

	見る	いる
미연형		
연용형		
종지형		
연체형		
가정형		
명령형		
의지형		

02 하1단 동사 활용을 하시오.

	食べる	寝る
미연형		
연용형		
종지형		
연체형		
가정형		
명령형		
의지형		

연습해 봅시다!

03 다음 물음에 답하시오.

❶ あなたは 朝、早く 起きますか。

はい、＿＿＿＿＿＿＿＿＿＿＿＿＿＿＿＿＿＿

いいえ、＿＿＿＿＿＿＿＿＿＿＿＿＿＿＿＿＿

❷ 今日は 早く 寝ますか。

はい、＿＿＿＿＿＿＿＿＿＿＿＿＿＿＿＿＿＿

いいえ、＿＿＿＿＿＿＿＿＿＿＿＿＿＿＿＿＿

❸ ニュースは 見ますか。

はい、＿＿＿＿＿＿＿＿＿＿＿＿＿＿＿＿＿＿

いいえ、＿＿＿＿＿＿＿＿＿＿＿＿＿＿＿＿＿

일본의 전통 차(茶)

1) 전차(煎茶): 찻잎을 작게 썰어서 말려 열탕에 우려 마시는 차이다.

2) 말차(抹茶): 찻잎을 곱게 갈아 열탕에 풀어 마시는 차이다.

3) 반차(番茶): 새로운 찻잎을 따고 난 뒤에 남은 딱딱하고 오래된 찻잎으로
   만든 차이며, 중저급품의 차를 의미하기도 한다.

4) 교쿠로(玉露): 그늘에서 비료를 많이 주면서 재배한 고급 차이며, 맛과 향이
   강하고 가격이 비싸다.

5) 호우지차(焙茶): 반차(番茶)를 불로 때서 만든 차로서, 카페인의 함유가 적고
   맛이 시원해서 병약한 환자나 어린이들에게도 권할 수 있는 차
   이다.

6) 메차(芽茶): 전차(煎茶)나 교쿠로(玉露)를 만들 때 찻잎의 새 눈(芽)을 추려서
   만든 차이며, 맛과 향이 강하고 다량의 카페인이 함유되어 있다.

7) 구키차(莖茶): 줄기(莖)부분을 추려서 만든 차이다.

8) 현미차(玄米茶): 전차(煎茶)나 반차(番茶)에 볶은 현미를 섞은 차이다.

コーヒーにします。

Unit

金	今度の夏休みに韓国から母が来ます。
	それで母と温泉旅行をする予定です。
中村	お母さんと温泉ですか。うらやましいですね。
金	中村さんもご両親と一緒に行くのはどうですか。
中村	私の父と母は兄の家族と海外旅行に行きます。
金	中村さんは一緒に行きませんか。
中村	はい、私は彼女と約束があります。

金	彼女がいるんですか。中村さんこそうらやましいですね。
	彼女とどこに行きますか。
中村	東京ディズニーランドへ行きます。
金	いいですね。喉が渇いたんでお茶でも飲みますか。
中村	僕はコーヒーにします。

주요어구

コーヒー	~にします
母	それで
今度	夏休み
から	来る
予定	温泉
中村	うらやましい
ご両親	富士山
一緒	家族
海外	旅行
僕	彼女
約束	東京
ディズニーランド	喉
渇く	

문법과 문형

1 力 변격동사 「来る」의 활용법

「来る」는 활용에 따라 형태가 변화하기 때문에 주의해야 한다.

활용형	来(く)る	오다
미연형	来(こ)ない	오지 않다(부정)
연용형	来(き)ます	옵니다(정중)
종지형	来(く)る	오다(기본)
연체형	来(く)る + 時(명사)	오는 명사(명사수식)
가정형	来(く)れば	오면(가정)
명령형	来(こ)い	와(명령)
의지형	来(こ)よう	오자(권유의지)

① 鈴木さんは今日の会議には来ないです。

② 母が韓国から来ます。

③ いつ日本に来る予定ですか。

④ 金さんが来れば楽しいです。

⑤ これでは遅くなる。早く来い。

⑥ とてもいい景色でした。また来ようと思います。

2 サ 변격 동사 「する」의 활용법

「する」는 활용에 따라 형태가 변화하며, 부정문과 명령문에서는 문장체와 회화체가 구별되어있기 때문에 주의해야 한다.

단어

会議(かいぎ)	いつ	遅(おそ)い	景色(けしき)	思(おも)う

활용형	する	하다	
미연형	しない せぬ	하지 않다	(부정)
연용형	します	합니다	(정중)
종지형	する	하다	(기본)
연체형	する + 時(명사)	하는 명사	(명사수식)
가정형	すれば	하면	(가정)
명령형	しろ せよ	해	(명령)
의지형	しよう	하자	(권유의지)

① 掃除もしないで出かけた。

② そのようなことは二度とせぬと思った。

③ 掃除は夫、料理は私がします。

④ 勉強をする時は誰も部屋に入らないでください。

⑤ 今すればちょうどよい。

⑥ 勉強しろ。

⑦ これから何をしようか。

단어

掃除 _{そうじ}	出かける _で	二度 _{にど}	夫 _{おっと}	料理 _{りょうり}
勉強 _{べんきょう}				

3 ~にします。

僕はコーヒーにします。

① 飲み物は何にしますか。
② お酒はビールにします。
③ 旅行はどこにしますか。
④ 今年の夏はイタリアにします。

4 ~こそ。

中村さんこそうらやましいですね。

① こちらこそありがとうございます。
② それこそいいですね。
③ 大人こそ守るべきです。

☑ 조사

は	우 / 는	① 私は学生です。
	이 / 가	① 私が学生です。
が	을 / 를	② 私は野菜が嫌いです。
	지만	③ ほしいですが、お金がないです。
も	도	① 私も学生です。
	의	① 私の本です。
の	의 것	② 私のです。
	인	③ 友だちの李さんです。
	에서	① 学校で遊びます。
で	으로	② 鉛筆で書きます。
	해서	③ 全部でいくらですか。
	때문에	④ 雨で中止になった。
	에	① 学校に行きます。
に	에게	② 金さんに手紙を書きます。
	으로	③ コーヒーにします。
へ	에 ,에게	① 山へ行きます。
と	와 / 과	① 本とノート
	면	② 辞書で調べると分かります。
を	을 / 를	① 勉強をします。
や	와 / 과	① 机の上には本やノートや辞書などがあります。
から	에서	① ここからあそこまで走ります。
まで	까지	② 1ページから6ページまで読んでください。
より	보다	① 私より背が高いです。
こそ	야말로	① 私こそありがとうございます。

단어 ✁

飲(の)み物(もの)	お酒(さけ)	旅行(りょこう)	夏(なつ)	イタリア
大人(おとな)	守(まも)る	こそ	べき	

연습해 봅시다!

01 カ변격 동사, サ변격 동사를 활용하시오.

	来る	する
미연형		
연용형		
종지형		
연체형		
가정형		
명령형		
의지형		

02 괄호 안의 단어를 사용하여 답하시오.

❶ 飲み物は何にしますか。（コーヒー）

→ _____

❷ 旅行はどこにしますか。（フランス）

→ _____

❸ ご飯とパンとどちらにしますか。（パン）

→ _____

❹ 食事は何にしますか。（オムライス）

→ _____

03 다음 문장을 일본어로 작문하시오.

❶ 선생님은 오늘 오지 않습니다.

→ _____

❷ 청소는 내가 하겠습니다.

→ _____

❸ 나는 커피로 하겠습니다.

→ _____

히라가나(平仮名 ひらがな)와
가타카나(片仮名 カタカナ)의 유래

1) 히라가나　安→あ / 加→か

히라(平)는 각(角)이 없는 통속 평이 하다는 의미이고 가나(仮名)는 임시로 빌려온 이름이라는 의미에서 나온 말이다. 헤이안시대(平安時代 794년~1192년)에 발명되었고, 히라가나라는 말 자체는 에도시대(江戸時代 1603년~1867년)에 들어와서 사용 되었다. 이것은 망요가나(万葉仮名)를 초서체로 흘려 쓰다가 만들어진 일본의 독특한 표음문자이다. 히라가나가 만들어진 당시에는 남자들은 한자와 한문학을 중심으로 학문을 했기 때문에 온나테(女手)라고 하여 경시하며 사용하지 않았고 주로 여성들 사이에서 사용되었다. 그것으로 인해 많은 여류문학가들이 등장하게 되었고 점차적으로 공적인 문자로 인정받게 되었다. 지금의 글자체는 1900년의 소학교 시행규칙에 의해 정하여졌다.

2) 가타카나　仁 →ニ / 天→テ

가타(片)는 불완전하고 미숙하다는 의미이다. 이 문자의 유래는 헤이안시대(平安時代 794년~1192년)에 승려가 불경 강의를 들을 때, 한자의 읽는 법과 주석 등을 기입하기 위해 자간과 행간에 쓸 속기에 적합한 자와 획이 필요해서 한자의 일부분을 생략하여 사용한 것이 정착되어 헤이안 중기이후에 완성되어 통용되게 되었다. 지금의 글자체는 1900년의 소학교 시행규칙에 의해 정해졌다.

Unit お出掛けですか。

田中　張さん、何をしていますか。

張　教室の鍵を掛けています。

田中　鍵は掛けないで下さい。

わざと開けてあります。

張　どうしてですか。

田中　今から先生がいらっしゃって、何かお話しになります。

張　そうですか。何かお手伝いしますか。

田中 　あそこに置いてある資料を持って来てください。

張 　　さっきコピーしていたものですね。

田中 　それから、開いている窓は全部閉めてください。

　　　　風が強いですからね。

張 　　さっき閉めてしまいましたよ。

田中 　この講義室はこれから講義があるので、

　　　　鍵を掛ける前に確認してくださいね。

張 　　分かりました。

주요어구

～ている	鍵（かぎ）
掛（か）ける	～ないでください
わざわざ	開（あ）ける
～てある	いらっしゃる
お～になる	お～する
手伝（てつだ）う	資料（しりょう）
～てください	持（も）つ
先（さき）	コピー
それから	開（あ）く
窓（まど）	全部（ぜんぶ）
閉（し）める	～てしまう
風（かぜ）	前（まえ）
確認（かくにん）する	出（で）掛（か）ける

문법과 문형

1 ~ている / ~てある

☑ 타동사 + ている (진행)

> 鍵を掛けています。

① ノートに漢字を書いています。　② 部屋でテレビを見ています。

③ 食堂でご飯を食べています。　④ 図書館で宿題をしています。

☑ 타동사 + ている (상태)

> 眼鏡を掛けていますね。

① 田中さんはいいカメラを持っています。

② 張さんからお金を借りています。

③ ネックレスをしています。

④ 田中さんは赤い帽子をかぶっています。

단어

漢字	食堂	宿題	帽子	眼鏡
カメラ	借りる	ネックレス	被る	

☑ 타동사 + てある (상태)

わざわざ開けてあります。

① かべにポスターが貼ってあります。 　② 食事が作ってあります。

③ ノートに漢字が書いてあります。 　④ 問題は先に見てあります。

⑤ ドアが閉めてあります。

☑ 자동사 + ている (상태)

開いている窓は全部閉めて下さい。

① この答えは合っています。 　② ドアが閉っています。

③ この魚は死んでいます。 　④ 猫が隠れています。

⑤ 田中さんはもう来ています。

☑ 자동사 + ている (진행)

先生が笑っている。

① 気持いい風が吹いています。 　② 赤ちゃんが泣いています。

③ 子供が遊んでいます。 　④ 雨が降っています。

⑤ 川にきれいな水が流れています。

단 어

壁 かべ	ポスター	貼る は	問題 もんだい	答える こた
隠れる かく	もう	気持 きもち		

2 　て + 보조동사

☑ て + しまう

> さき閉めてしまいましたよ。

① 間違えて、ペンで書いてしまいました。
② ジュースを全部飲んでしまいました。
③ 答えを見てしまいました。
④ たくさん食べてしまいました。
⑤ 早く来てしまいました。

3 　명령표현

> 資料を持って来てください。

☑ ~てください / ~ないでください

① ここに名前を書いてください。
② たくさんありますから、たくさん飲んでください。

단어

赤_{あか}ちゃん	泣_なく	子供_{こども}	遊_{あそ}ぶ	雨_{あめ}
降_ふる	川_{かわ}	流_{なが}れる	間違_{まちが}える	ペン
名前_{なまえ}	たくさん			

③ 見てください。　　　　④ 食べないでください。

⑤ 遅れないでください。

☑ ~なさい

① ここに名前を書きなさい。　　② たくさん飲みなさい。

③ 見なさい。　　　　　　　　　④ 食べなさい。

⑤ 早く来なさい。

☑ 명령형

① ここに名前を書け。　　　　② たくさん飲め。

③ 見ろ。　　　　　　　　　　④ 食べろ。

⑤ 早く来い。

4 **경어표현**

☑ お~になる (존경)

何かお話しになります。

① お名前をお書きになってください。

② お水をたくさんお飲みになりました。

단 어

みず
水

③ お待ちになりました。 ④ お話しになりませんでした。

☑ お(ご)~です （존경）

今お出掛けですか。

① 先生はあそこでお休み中です。 ② 何日お泊まりですか。

③ 張さん、もうお帰りですか。 ④ 何日ご宿泊ですか。

⑤ 田中さん、もうご帰宅ですか。

☑ お~する （겸양）

何かお手伝いしますか。

① 私がお書きします。 ② ここでお待ちします。

③ かばんをお持ちします。 ④ ちょっとお尋ねします。

⑤ ドアをお閉めします。

단어

泊る (とま)	帰る (かえ)	宿泊 (しゅくはく)	帰宅 (きたく)	尋ねる (たず)

01 다음 문장을 긍정문은 부정문으로, 부정문은 긍정문으로 바꾸시오.

❶ 学校へ来て下さい。

→ _____

❷ 本を見て下さい。

→ _____

❸ 速く歩かないで下さい。

→ _____

❹ 家に帰らないで下さい。

→ _____

02 다음 문장을 일본어로 작문하시오.

❶ 문을 열고 있습니다.

→ _____

❷ (바람으로 인해) 문이 열려 있습니다.

→ _____

❸ (누군가 문을 열어두었기 때문에) 문이 열려 있습니다.

→ _____

❹ 나는 일본 만화를 가지고 있습니다.

→ _____

❺ 사장님은 내일 미국에 가십니다.

→ _____

❻ 선생님, 이 책 빌려도 되겠습니까?

→ _____

일본의 목욕문화

1) 대중탕에서 절대 때를 밀지 않는다.

2) 목욕시간이 짧다.

3) 탕의 온도가 뜨겁다.(약 42도~45도)

4) 공중목욕탕에는 일반적으로 찜질방이나 사우나 시설이 없다.

5) 목욕탕 주인이 남녀상관하지 않고 수시로 탈의실이나 탕에 들어와서 관리한다.

6) 일반적으로 영업시간은 오후 4시부터 밤 12시까지이다.

7) 온천은 남탕과 여탕을 시간대로 나누어 번갈아 사용하는 경우가 많다.

8) 야외 온천은 남녀 혼탕인 경우도 있다.

9) 온천물은 자주 갈지 않는다.

10) 남의 집에 초대 받았을 때 욕조의 물을 사용 후에 버리면 안 된다.
    가족이 교대로 그 물을 사용하기 때문이다.

11) 가정에서는 일반적으로 욕실과 화장실이 분리되어 있다.

12) 코인 샤워실이 있다.

13) 공중목욕탕에 코인 빨래방이 있는 경우가 많다.

いろいろ助けてもらいました。

Unit

田中　あれ、張さん。こんな所で何をしていますか。

張　　あ、田中さん。妹にプレゼントがしたくて、
　　　買い物をしています。

田中　妹さんは、何をほしがっていますか。

張　　日本の雑誌なら何でもいいと思います。

田中　では、紀伊国屋に行ったらどうですか。

張	でも、場所がよく分からないので、 田中さんも一緒に行ってほしいんですが、いいですか。
田中	いいですよ。ちょうど私もほしい本があるので、 一緒に行きましょう。
張	ここから遠いですか。
田中	いいえ、あそこの角を曲がるとすぐ見えますよ。
張	いつもいろいろ助けてくれてありがとうございます。

주요어구

いろいろ	助ける
~てもらう	プレゼントする
~たい	買い物
欲しがる	~たがる
~なら	紀伊国屋
~たら	~てほしい
ちょうど	欲しい
遠い	角
曲がる	~と
すぐ	見える
いつも	~てくれる

문법과 문형

1 희망표현

희망표현에는 자신이나 상대방이 원하는 경우와 제3자가 원하는 경우의 두 가지가 있다. 전자는 「~을 ~(하)고 싶다」는 표현이고, 후자는 「~을 ~(하)고 싶어 하다」라는 표현이다.

☑ ~が　~たい

> 妹にプレゼントがしたくて。

① 私はコーヒーが飲みたいです。

② 私は運動がしたくないです。

③ 私はコンピューターがほしいです。

④ 田中さんは何が食べたいですか。

⑤ あなたは何がほしいですか。

☑ ~を　~たがる

> 雑誌を読みたがっていたので。

① 子供がアイスクリームを食べたがっています。

② 彼は日本に行きたがっていますか。

③ 田中さんは、何を欲しがっていますか。

④ 張さんはノートブックをほしがっています。

⑤ 赤ちゃんは今、ミルクをほしがっていません。

단어

アイスクリーム	ノートブック	ミルク

▶ 조사 「~を」(~을/를)이 「~が」(~이/가)로 표현 되는 경우

☑ 가능(可能)표현

① ピアノがひける。　　　② 日本語が話せる。

③ 夜景が見られる。　　　④ にんじんが食べられる。

⑤ 料理ができる。

☑ 기호(嗜好)표현

① 肉が好きだ。　　　　　② 運動が好きだ。

③ この人が好きだ。　　　④ あの人が嫌いだ。

⑤ 勉強が嫌いだ。

☑ 자발(自發)표현

① 母が思い出される。

② この文章は違和感が感じられる。

③ この事が事実だと思われる。

④ その意味とこの意味が同じだと考えられる。

⑤ 私にはこの人が怪しいと思われる。

단어

ピアノ	ひく	夜景 (やけい)	にんじん	肉 (にく)
運動 (うんどう)	思い出す (おも だ)	文章 (ぶんしょう)	違和感 (いわかん)	感じる (かん)
事実 (じじつ)	意味 (いみ)	怪しい (あや)	思う (おも)	

2 가정표현

　우리말의 가정표현은 「~(하)면」으로 대부분 표현이 가능한데, 일본어에는 「~(하)면」에 해당하는 표현에는 「~と」, 「~ば」, 「~なら」, 「~たら」 4가지가 있으며, 이들은 각각 쓰임이 다르기 때문에 바꿔 쓸 수 있는 경우도 있고 그렇지 못한 경우도 있다.

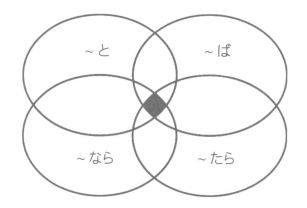

～と　　～ば

～なら　　～たら

あそこの角を曲がるとすぐ見えますよ。

☑ Aすると　Bする。(A하면 반드시 B가 된다.)

　① 江原道は冬になると雪がたくさん降る。

　② 急に運動すると体が痛くなる。

　③ 私はお酒を飲むと顔が赤くなる。

☑ Aすれば　Bする。(B를 하기 위해서는 A를 해야 한다.)

　① 自動ドアは近くに行けば開く。

　② 急げば間に合う。

　③ 練習すればきっと上手になる。

日本の雑誌なら何でもいいと思います。

☑ Aするなら　Bする。（A라는 조건 하에서 B를 한다.）

① 肉を食べるなら野菜も一緒に食べましょう。

② あなたが行くなら私は行きません。

③ 運転するならお酒は飲まないで下さい。

困っている人を見たら助けてあげたくなるんですよ。

☑ Aしたら　Bする。（A라는 일이 성립되면 B를 한다.）

① 日本に着いたら連絡ください。

② 田中さんに会ったらよろしく伝えてください。

③ 家に帰って来たら手を洗いなさい。

단어

雪 ゆき	急に きゅう	顔 かお	自動 じどう	急ぐ いそ
上手 じょうず	野菜 やさい	困る こま	連絡 れんらく	よろしい

▶ たら의 그 외 용법

紀伊国屋に行ったらどうですか。

☑ ~したら（권유）

① 今度の休みに日本に行ったらどうですか。

② 寒い日にはコートを着たらどうですか。

③ 今日は休んだらどうですか

この前も行ったら、親切な人がたくさんいましたよ。

☑ ~したら（과거 회상)

① 買い物に行ったら張さんに会いました。

② 母の手紙を読んだら会いたくなりました。

☑ ~てほしい

① 私の代わりにそこへ行ってほしいです。

② すみません。ちょっと手伝ってほしいんですが。

③ 来る前に連絡してほしいですね。

단어 ✎

洗（あら）う　　親切（しんせつ）　　手紙（てがみ）

3 수수(授受)표현

お礼にガムでもあげましょうか。

☑ あげる（やる）

① 私は田中さんに本をあげました。
② 私は張さんにノートをあげました。
③ 私は妹に人形をやりました。
④ 子供にお菓子をやりました。

くれるならもらいますよ。

☑ くれる

① 田中さんが私に本をくれました。
② 妹が私に人形をくれました。
③ 子供が私にお菓子をくれました。

お金をもらいました。

☑ もらう

① 私は田中さんから本をもらいました。
② 私は妹から人形をもらいました。
③ 私は張さんからノートをもらいました。

단어

代わる	人形	お菓子	お金

助けてあげたくなるんですよ。

☑ ~てあげる（~てやる）

① 私は張さんを案内してあげました。

② 田中さんは張さんを手伝ってあげました。

③ 私は子供と歌ってやりました。

④ 私は妹と遊んでやりました。

金さんが道を教えてくれました。

☑ ~てくれる

① 張さんが私を案内してくれました。

② 田中さんが私を手伝ってくれました.

③ 妹が私と遊んでくれました。

いろいろ助けてもらったんです。

☑ ~てもらう

① 私は子供に歌ってもらいました。

② 私は張さんに案内してもらいました。

③ 私は田中さんに手伝ってもらいました。

단어

あんない 案内	うた 歌	みち 道

연습해 봅시다!

01 다음 질문에 일본어로 답하시오.

❶ あなたは、いま何がしたいですか。

→ _____

❷ あなたは、いま何がほしいですか。

→ _____

❸ ともだちは、いま何をしたがっていますか。

→ _____

❹ お母さんは、いま何をほしがっていますか。

→ _____

02 다음 문장을 일본어로 작문하시오.

❶ 다나카씨가 나에게 과자를 줬습니다.

→ _____

❷ 친구가 다나카씨에게 책을 줬습니다.

→ _____

❸ 다나카씨가 내 동생에게 인형을 줬습니다.

→ _____

❹ 내 동생은 다나카씨에게 인형을 받았습니다.

→ _____

다다미(畳み)

다다미는 유카(床)라고 하는 나무 바닥에 접을 수 있는 깔개를 깔았던 것에서 유래했으며 '접는다'라는 의미에서 파생된 일본전통가옥의 마루에 까는 등심초 (골풀)으로 된 메트리스라고 할 수 있다. 다다미 한 장의 크기는 보통 90cm×180cm정도의 크기로 다다미 2장이 1평 정도의 넓이이다. 일본에서는 방의 넓이를 잴 때 이 다다미를 단위로 하여 다다미 몇 장짜리 인가에 따라서 방의 크기를 구분한다. 일반적으로 다다미의 가장자리를 천으로 마감한 부분을 밟으면 다다미가 손상되기 쉽기 때문에 밟지 않는 것이 예절이다. 다다미는 주재료인 등심초 특유의 성질로 방 공기를 정화해 주며 다다미 한 장은 약 500cc정도의 수분을 흡수할 수 있으며, 실내가 건조하면 이를 방출시켜 실내를 적정 습도로 유지시켜주는 효과도 가지고 있다. 또한 다다미는 심신을 편안케 하고 실내에서 삼림욕을 하는 것과 같은 효과를 가지고 있다고 한다.

14 Unit

心配しなくてもいいですよ。

李 　　昨日は仕事で徹夜をしたので今日は風邪ぎみです。

田中 　そうですか。　大変ですね。

　　　　食事はしましたか。

李 　　あまり食欲もなく、まだ食べていません。

田中 　だめです。　体に悪いですよ。

　　　　じゃ、今日は早く帰って休んだ方がいいと思います。

李 　　そうしてもいいですか。

田中 　そうした方がいいと思います。

　　　　また、食事を欠いてはいけませんよ。

李	ありがとうございます。
	田中さん、一つお願いがあります。
田中	何ですか。
李	今日まで送らなければならない書類があります。
田中	いいですよ。これですか。
	この書類は何で送ればいいですか。
李	ファックスでもいいし、郵便でもかまいません。
田中	わかりました。
	書類のことは心配しなくてもいいですよ。
	じゃ、お大事に。
李	ありがとうございます。
	お先に失礼します。

주요어구

心配(しんぱい)	失礼(しつれい)	かまう
徹夜(てつや)	ので	お大事に(だいじ)
気味(きみ)	風邪(かぜ)	
食欲(しょくよく)	大変(たいへん)	
悪い(わる)	体(からだ)	
願い(ねが)	欠く(か)	
送る(おく)	書類(しょるい)	
郵便(ゆうびん)	ファックス	

1 ~てもいい / なくてもいい

書類のことは心配しなくてもいいですよ。

① 宿題が終わったら、遊んでもいいです。

② 全部食べてもいいです。　③ その仕事はやらなくてもいいです。

④ たばこを吸ってもいいですか。　⑤ 先に帰ってもいいですか。

2 ~てはいけない

食事を欠いてはいけませんよ。

① そのまま帰ってはいけません。　② 大きい声で話してはいけません。

③ 芝生に入ってはいけません。　④ 廊下で走ってはいけません。

⑤ 授業中に立ってはいけません。

3 ~なければならない / ~なくてはいけない

今日まで送らなければならない書類があります。

① 約束は守らなくてはいけません。

② 外国語は毎日勉強しなければならない。

③ 今日までやらなければならない仕事があります。

④ エスカレーターに乗る時は、

　　子供は大人と一緒に乗らなくてはいけません。

⑤ 横断歩道では歩かなくてはいけません。

4

~ (よ)うとする / （よ)うと思う

> ## 病院に行こうと思います。

① これから勉強しようと思います。

② 彼は明日手紙を送ろうとしています。

③ 今日からダイエットをしようと思います。

④ 母は今出かけようとしています。

⑤ ふるさとは飛行機で行こうと思います。

~でもかまいません / ~てもかまいません

> ## ファックスでもいいし、郵便でもかまいません。

① はんこがなければ、サインでもかまいません。

② いやなら、しなくてもかまわないです。

③ 大きさは、大きくても小さくてもかまいません。

④ 何を書いてもかまいません。

⑤ ラーメンでもかまいません。

단 어

宿題	たばこ	吸う	声	芝生
廊下	授業中	約束	守る	外国語
子供	エスカレーター	横断歩道	手紙	ダイエット
出かける	ふるさと	飛行機	はんこ	ラーメン

☑ 물건

숫자에 수접미사가 붙을 때 「1, 6, 8, 10」에서는 접미사의 형태가 조금씩 달라지는데, 여기에는 특별한 법칙이 있는 것이 아님으로 유형별로 외워야 한다.

	人 (ひと)	歳 (さい)	杯 (はい)
1	ひとり	いっさい	いっぱい
2	ふたり	にさい	にはい
3	さんにん	さんさい	さんばい
4	よにん	よんさい	よんはい
5	ごにん	ごさい	ごはい
6	ろくにん	ろくさい	ろっぱい
7	しちにん	ななさい	ななはい
8	はちにん	はっさい	はちはい
9	きゅうにん	きゅうさい	きゅうはい
10	じゅうにん	じゅっさい	じゅっぱい
何	なんにん	なんさい	なんばい

	度 (ど)	回 (かい)	円 (えん)
1	いちど	いっかい	いちえん
2	にど	にかい	にえん
3	さんど	さんかい	さんえん
4	よんど	よんかい	よえん
5	ごど	ごかい	ごえん
6	ろくど	ろっかい	ろくえん
7	ななど	ななかい	ななえん
8	はちど	はっかい	はちえん
9	きゅうど	きゅうかい	きゅうえん
10	じゅうど	じゅっかい	じゅうえん
何	なんど	なんかい	なんえん

연습해 봅시다!

01 괄호 안의 예문을 사용하여 다음 문장을 완성히시오.

❶ _____ てもいいですか。 （たばこを吸う）

❷ _____ てもいいですか。 （写真を取る）

❸ _____ てもいいですか。 （ファックスで送る）

❹ _____ てもいいですか。 （部屋に入る）

02 괄호 안의 예문을 사용하여 다음 문장을 완성 하시오.

❶ _____ てはいけません。 （隣の人と話す）

❷ _____ てはいけません。 （ごみを捨てる）

❸ _____ てはいけません。 （寝る）

❹ _____ てはいけません。 (声を出す)

03 다음 문장을 일본어로 작문하시오.

❶ 오늘 해야 할 일이 남아 있어요.

→ _____

❷ 지금부터 숙제를 하려고 합니다.

→ _____

❸ 옆에 앉아도 괜찮겠습니까?

→ _____

일본문화상식

일본의 국경일

1) 설날 : 1월 1일
2) 성인의 날 : 1월 둘째 주 월요일
3) 건국기념일 : 2월 11일
4) 춘분 : 3월 20일 혹은 21일
5) 쇼와(昭和)의 날 : 4월 29일
6) 헌법기념일 : 5월 3일
7) 식목일 : 5월 4일
8) 어린이 날 : 5월 5일
9) 바다의 날 : 7월 20일
10) 경로의 날 : 9월 셋째 주 월요일
11) 추분 : 9월 23일 혹은 24일
12) 체육의 날 : 10월 둘째 주 월요일
13) 문화의 날 : 11월 3일
14) 근로감사의 날 : 11월 23일

15 Unit

韓国に帰るそうです。

松本	李さんは来週韓国に帰るそうですが、
	高さんは帰らないですか。
高	私は春休みに帰ろうと思っています。
松本	そうですか。冬休みは帰らないですか。
高	はい、先生に任せられた研究があるので、
	毎日研究室に行かなければならないです。
松本	大変そうですね。
	ところで、高さんは日本に来てどのくらいですか。
	日本人のように日本語が上手ですね。
高	日本に来て2年になります。
	でも、まだ上手ではありません。
	空を見ると、雨が降りそうですね。
松本	今日も明日も雨だそうですよ。
高	そうらしいですね。

松本	明日の支度もあるので帰ります。
	高さんも一緒に帰りませんか。
高	帰ります。金さんも帰るようなので一緒でもいいですか。
松本	いいですよ。帰り道においしそうなラーメン屋があるので、
	寄りませんか。
高	いいですね。
	急にお腹がすいてきました。
	金さんを呼んで来ます。

주요어구

松本（まつもと）	空（す）く
春休（はるやす）み	冬休（ふゆやす）み
任（まか）せる	研究（けんきゅう）
研究室（けんきゅうしつ）	上手（じょうず）
空（そら）	支度（したく）
寄（よ）る	お腹（なか）

문법과 문형

1 조동사

☑ ~ようだ

「~인 듯하다, ~과 같다」로 해석되며 불확실한 단정, 예시를 나타내는 조동사이며, 동사, 형용사, 형용동사의 연체형, 명사, 연체사에 접속된다. ようだ는 형용동사형 활용을 한다.

동사	형용사	형용동사	명사	연체사
行くようだ。	赤いようだ。	豊かなようだ。	学生のようだ。	このようだ。
帰るようだ。	おもしろいようだ。	新鮮なようだ。	先生のようだ。	そのようだ。

활용형	활용 형태	예) 金さんは帰る
미연형	ようだろう	金さんは帰るようだろう。
연용형	ようだった	金さんは帰るようだった。
	ようでない	金さんは帰るようでない。
	ように	金さんは帰るようにする。
종지형	ようだ	金さんは帰るようだ。
연체형	ような	金さんが帰るような時、手紙を渡す。
가정형	ようなら(ば)	金さんが帰るようなら、私も帰ります。

① 高さんは日本人のように日本語が上手です。
② 明日は寒いようです。
③ 東京は賑やかなようです。

단어

豊(ゆた)かだ　　新鮮(しんせん)だ　　賑(にぎ)やかだ

☑ ~らしい

「~인 것 같다」로 해석되며 어떤 일을 추측하여 나타내는 조동사이며, 동사, 형용사의 경우에는 연체형에 접속하고, 형용동사의 경우에는 어간 뒤에 접속된다. らしい는 형용사형 활용을 한다.

활용형	활용 형태	예) 雨が降る
연용형	らしかった	雨が降るらしかった。
	らしく	雨が降るらしく見える。
종지형	らしい	雨が降るらしい。
연체형	らしい	雨が降るらしい時は傘を持って出かける。
가정형	らしければ	雨が降るらしければ、山は行かない方がいい。

① あの人は学生らしい。

② あそこの店は静からしい。

③ 親がいないと、子供は勉強しないらしい。

④ お茶は体によいらしい。

⑤ 金さんは勉強をするらしい。

▶ らしいに는「~답다」로 해석되는 접미사 らしい가 있기 때문에 주의해야 한다.

① 女らしい金さん。　　（여자다운 김씨）

② 男らしい男。　　（남자다운 남자）

③ 学生らしい髪型。　　（학생다운 머리 스타일）

단어 ✍

| 傘 かさ | 出掛ける でかける | 店 みせ | 親 おや | 髪型 かみがた |

☑ ~そうだ

「~인 것 같다, ~인 듯하다」로 해석되며 현재의 상태를 나타내는 조동사이며 동사의 연용형, 형용사 어간, 형용동사 어간 등에 접속한다. そうだ는 형용동사형 활용을 한다.

동사	형용사	형용동사
行きそうです。	おいしそうです。	豊かそうです。
上がりそうです。	寒そうです。	新鮮そうです。

동사	형용사	형용동사	명사
行くらしい。	悪いらしい。	豊からしい。	雪らしい。
食べるらしい	ないらしい。	上手らしい。	学生らしい。

활용형	활용 형태	예) 雨が降る
미연형	そうだろう	雨が降りそうだろう。
연용형	そうだった	雨が降りそうだった。
	そうでない	雨が降りそうでない。
	そうに	雨が降りそうになる
종지형	そうだ	雨が降りそうだ。
연체형	そうな	雨が降りそうな天気だ。
가정형	そうなら(ば)	雨が降りそうならば

▶ 형용사의 경우 형용사의 어간에 접속하지만, 2음절로 구성된 「よい」「ない」에 접속할 때는 어간에 「さ」를 붙인다. 「よさそう」「なさそう」

① 行かない方がよさそうです。　② 今家に帰ってもご飯はなさそうです。

③ ラーメンがおいしそうです。　④ 東京は賑やかそうです。

⑤ 明日はソウルへ行きそうです。

☑ ~そうだ

「~이라고 한다, ~이란다」로 해석되며 다른 사람에게서 전해 듣거나, 매체를 통해 전해 들어서 알게 된 정보나 사실을 가리킨다. ~そうだ는 모든 활용어의 종지형에 접속하며 형용동사형 활용을 한다.

동사	형용사	형용동사	명사
降るそうだ。	白いそうだ。	豊かだそうだ。	学生だそうだ。
壊れるそうだ。	おいしいそうだ。	新鮮だそうだ。	卒業だそうだ。

활용형	활용 형태	예) 忙しい
연용형	そうで	忙しいそうで、誘わなかった。
종지형	そうだ	忙しいそうだ。

① 雨が降るそうです。　　　　② 彼女はうつくしいそうです。

③ あの店は静かだそうです。　　④ 彼女の誕生日は明日だそうです。

⑤ 天気予報によると雨が降るそうだが、空を見ると、降りそうもない。

단어

ご飯	賑やかだ	ソウル	忙しい	誘う
壊れる	おいしい	卒業		

☑ ~れる、~られる

수동의 뜻으로 문장 전체를 고려하여 해석해야 한다. ~れる는 5단 활용 동사, カ변격 동사의 미연형에 접속되고, ~られる는 상1단 동사, 하1단 동사, カ변격 동사의 미연형에 접속되며, 상1단 동사형과, 하1단 동사형으로 활용한다.

5단동사	サ변격 동사 する	상1단동사·하1단동사	カ변격 동사 くる
行かれる	される	見られる	こられる
降られる		食べられる	

① 先生に教えられました。

② 雨に降られて、服が濡れました。

　その問題は彼によって解決されました。

④ 妹にケーキを食べられました。

⑤ 誰かに見られているような気がする。

⑤ 友だちに遊びに来られたので、勉強を中止した。

▶ ~れる、~られる는 존경, 가능, 자발의 의미도 가지고 있기 때문에 주의해서 해석해야 한다.

① 先生が来られるそうです。	선생님이 오신다고 합니다.	(존경)
② 社長が起きられました。	사장님이 일어나셨다.	(존경)
③ これ以上食べられない。	더 이상 먹을 수 없다.	(가능)
④ 歩いては来られない。	걸어서는 갈 수 없다.	(가능)
⑤ 試験のことが心配される。	시험이 걱정된다.	(자발)
⑥ ぜんぜん思い出されない。	전혀 생각나지 않는다.	(자발)

☑ ~せる、~させる

사역의 뜻으로 「~하게 하다, ~시키다」로 해석된다. ~せる는 5단 활용 동사, サ변격 동사의 미연형에 접속되고, ~させる는 상1단 동사, 하1단 동사, カ변격동사의 미연형에 접속되며, 상1단 동사와 하1단 동사형으로 활용한다.

5단동사	サ변격 동사 する	상1단동사 · 하1단동사	カ변격 동사 くる
行かせる	させる	見させる	来させる
降らせる		食べさせる	

① 先生は生徒たちに本を読ませた。

② 母は息子を行かせた。

③ 先生は彼に発表させた。

④ ご飯を食べさせた。

⑤ 学生に考えさせた。

⑥ 彼を二度と来させない。

⑦ 子供一人では行かせない方がいいです。

⑧ 親が勉強させても、自分でやらないとだめですね。

단어

うつくしい	誕生日	天気予報	濡れる	解決
ケーキ	中止	社長	歩く	試験
心配	ぜんぜん	思い出す	生徒	息子
発表	二度と			

☑ 기간

	間（しゅうかん）	ヶ月（かげつ）	泊（はく）
1	いっしゅうかん	いっかげつ	いっぱく
2	にしゅうかん	にかげつ	にはく
3	さんしゅうかん	さんかげつ	さんぱく
4	よんしゅうかん	よんかげつ	よんはく
5	ごしゅうかん	ごかげつ	ごはく
6	ろくしゅうかん	ろっかげつ	ろっぱく
7	ななしゅうかん	ななかげつ	ななはく
8	はっしゅうかん	はちかげつ	はっぱく
9	きゅうしゅうかん	きゅうかげつ	きゅうはく
10	じゅっしゅうかん	じゅっかげつ	じゅっぱく
何	なんしゅうかん	なんかげつ	なんぱく

☑ 수

	箱（はこ）	皿（さら）	個（こ）
1	ひとはこ	ひとさら	いっこ
2	ふたはこ	ふたさら	にっこ
3	さんぱこ	さんさら	さんこ
4	よんはこ	よんさら	よんこ
5	ごはこ	ごさら	ごこ
6	ろっぱこ	ろくさら	ろっこ
7	ななはこ	ななさら	ななこ
8	はっぱこ	はっさら	はっこ
9	きゅうはこ	きゅうさら	きゅうこ
10	じゅっぱこ	じゅっさら	じゅっこ
何	なんぱこ	なんさら	なんこ

연습해 봅시다!

01 다음 문장을 완성하시오. (~そうだ)

❶ 雨が降る。 → _____

　　　　　　　　　　(비가 올 것 같다)

❷ このケーキはおいしい。 → _____

　　　　　　　　　　(이 케익은 맛있을 것 같다)

❸ 魚が新鮮だ。 → _____

　　　　　　　　　　(생선이 신선한 것 같다)

❹ その人は学生だ。 → _____

　　　　　　　　　　(그 사람은 학생인 것 같다)

02 다음 문장을 완성하시오. (~ようだ)

❶ ともだちが来る → _____

　　　　　　　　　　(친구가 올 것 같다)

❷ このパンはおいしい。 → _____

　　　　　　　　　　(이 빵은 맛있을 것 같다)

❸ 学校が静かだ。 → _____

　　　　　　　　　　(학교가 조용한 것 같다)

❹ その人は先生だ。 → _____

　　　　　　　　　　(그 사람은 선생님인 것 같다)

03 다음 문장을 완성하시오. (~らしい)

❶ 雪が降る。　　　　　　　→ _____

　　　　　　　　　　　　　　(눈이 올 것 같다)

❷ このキムチはからい。　→ _____

　　　　　　　　　　　　　　(이 김치는 매울 것 같다)

❸ 彼はまじめだ。　　　　→ _____

　　　　　　　　　　　　　　(그는 성실한 것 같다)

❹ その人は素直だ。　　　→ _____

　　　　　　　　　　　　　　(그 사람은 정직한 것 같다)

04 다음 문장을 완성하시오. (~そうだ)

❶ バスが来る。　　　　　　→ _____

　　　　　　　　　　　　　　(버스가 온다고 한다)

❷ このラーメンはおいしい。→ _____

　　　　　　　　　　　　　　(이 라면은 맛있다고 한다)

❸ さしみが新鮮だ。　　　　→ _____

　　　　　　　　　　　　　　(회가 신선하다고 한다)

❹ その人は社長だ。　　　　→ _____

　　　　　　　　　　　　　　(그 사람은 사장이라고 한다)

05 다음 단어를 수동형으로 바꾸어 작문하시오.

❶ 教える　→ _____

❷ 食べる　→ _____

❸ 行く　　→ _____

❹ する　　→ _____

❺ 来る　　→ _____

06 다음 단어를 사역형으로 바꾸어 작문하시오.

❶ 起きる　→ _____

❷ 慣れる　→ _____

❸ 送る　　→ _____

❹ する　　→ _____

❺ 来る　　→ _____

연습해 봅시다!

07 다음 예문을 해석하시오.

❶ 明日は帰るようだ。

→ _____

❷ とても痛そうな顔をしている。

→ _____

❸ おいしそうなラーメンです。

→ _____

❹ 勉強はあまりしないらしいです。

→ _____

❺ 彼は二度とこられなくなった。

→ _____

와타나베 부인

일본에서 와타나베(渡辺)라는 성씨는 한국에서의 김씨, 이씨, 박씨처럼 흔한 성씨로서 국제금융가에서 일본 외환투자자들을 부르는 용어이다. 원래는 일본에서 낮은 금리로 엔화를 빌려 외화로 환전한 뒤 해외의 고금리 자산에 투자하는 일본의 중·상층 주부 투자자들을 와타나베 부인 이라고 하였는데, 현재는 일본의 개인 외환투자자들을 통칭하는 용어로 넓은 의미로 사용하고 있다. 와타나베 부인이라고 불리는 투자자의 약 80%가 실제로는 남성이라고 한다.

허 곤(許 坤)

강원대학교 일본어학과 교수
중앙대학교 일어일문학과 졸업
니혼대학(日本大學)대학원 석사졸업
일본주오대학(中央大學)대학원 박사졸업
일본근세문학전공

개정판

초·중급 캠퍼스 일본어

초판인쇄 2013년 5월 10일
2판발행   2018년 7월 23일

저 자 허 곤
발 행 인 윤석현
발 행 처 제이앤씨
책임편집 안지윤
등록번호 제7-220호

주   소 서울시 도봉구 우이천로 353 성주빌딩 3F
대표전화 (02)992-3253
전   송 (02)991-1285
홈페이지 http://www.jncbms.co.kr
전자우편 jncbook@hanmail.net

ISBN 979-11-5917-111-6 13710   정가 14,000원